地域社会学会年報第 31 集

都市における共同性の再構築

Annals of Regional and Community Studies Vol.31

地域社会学会編

2019
ハーベスト社

装丁：遊歩工房

都市における共同性の再構築

地域社会学会年報第 31 集 (2019.5)

◆特集　都市における共同性の再構築

都市における共同性の再構築をめぐって……………………………………吉野英岐　5

都市における共同性の構築・再構築をめぐる可能性と課題………………山本薫子　15

大都市都心の超高層住宅における共同性……………………………………饗庭伸　31

東京郊外における共同性の再構築——日野市を事例に……………………熊本博之　43

◆論文

キャンベラの都市開発の変化——過去 10 年の変化に着目して ……………野邊政雄　57

◆書評………………………………………………………………………………73

小内透編著『北欧サーミの復権と現状——ノルウェー・スウェーデン・フィンラン

ドを対象にして』(先住民族の社会学　第 1 巻) (東信堂　2018 年) 鈴木鉄忠／小内透

編著『現代アイヌの生活と地域住民——札幌市・むかわ町・新ひだか町・伊達市・

白糠町を対象にして』(先住民族の社会学　第 2 巻) (東信堂　2018 年) 渡戸一郎／

長谷川公一・山本薫子編『原発震災と避難——原子力政策の転換は可能か』(有斐閣

2017 年) 清水亮／市川秀之・武田俊輔『長浜曳山祭の過去と現在——祭礼と芸能

のダイナミズム』(おうみ学術出版会　2017 年) 築山秀夫／金子勇編著『計画化と公

共性』(ミネルヴァ書房　2017 年) 矢部拓也／渡戸一郎編集代表『変容する国際移住

のリアリティ——「編入モード」の社会学』(ハーベスト社　2017 年) 徳田剛／藤山

浩編著『「循環型経済」をつくる』(図解でわかる　田園回帰 1% 戦略) (一般社団法人

農村漁村文化協会　2018 年) 佐藤彰彦／石田光規編『郊外社会の分断と再編——

つくられたまち・多摩ニュータウンのその後』(晃洋書房　2018 年) 速水聖子／金

善美著『隅田川・向島のエスノグラフィー——「下町らしさ」のパラドックスを生き

る』(晃洋書房　2018 年) 下村恭広／小山弘美著『自治と協働からみた現代コミュニ

ティ論——世田谷区まちづくり活動の軌跡』(晃洋書房 2018 年) 三浦倫平／関礼子

編著『被災と避難の社会学』(東信堂　2018 年) 今井照／高橋典史・白波瀬達也・星

野壮編著『現代日本の宗教と多文化共生——移民と地域社会の関係性を探る』(明石

書店　2018 年) 松宮朝

◆第 12 回 (2018 年度) 地域社会学会賞の選考結果報告 …………………………99

◆地域社会学会活動の記録 (2018 年度) ………………………………………105

目　次

◆投稿規定…………………………………………………………… 109

◆執筆要領…………………………………………………………… 110

◆著作権規定………………………………………………………… 111

◆ English Summaries of Articles ……………………………… 113

◆編集後記…………………………………………………………… 118

目　次

Annals of Regional and Community Studies Vol.31 (May 2019)

Contents

Featured Articles:
Rebuilding Social Relationships in Urban Communities

Rebuilding Social Relationships in Urban Communities : Introduction to the Symposium

Hideki YOSHINO

Potentials and Issues in the Building and Rebuilding of Social Relationships according to
　　　Regeneration of Structures in Urban Areas

Kahoruko YAMAMOTO

Communities in Super High-rise Housing in Metropolitan City Centers

Shin AIBA

Rebuilding Social Relationships in the Suburbs of Tokyo: A Case Study in Hino City

Hiroyuki KUMAMOTO

Article:
Changes in Urban Development in Canberra in the Past Ten Years

Masao NOBE

Book Review

Result of 12th Award of Japan Aaaociation of Regional and Community Studies

Annual Activities of Japan Association of Regional and Community Studies

English Summaries of Articles

◆特集　都市における共同性の再構築

都市における共同性の再構築をめぐって

吉野英岐

はじめに

　2016年5月の第41回大会後に組織された研究委員会は、2018年5月の第43回大会シンポジウムまでの2年間、地域社会学会の研究企画とシンポジウムの運営に取り組んできた。研究委員会は今期のテーマを「地域社会における共同性の再構築」として、地域社会や都市において共同性がどのように再構築され、その結果として地域社会や都市の持続可能性がどのように高まっていくのかという点について議論を重ねてきた。

　2017年5月の第42回大会が秋田県立大学（秋田県秋田市）で開催されることに続いて、2018年5月の第43回大会が亜細亜大学（東京都武蔵野市）で開催されることを受けて、研究委員会は第42回大会では農山漁村地域における共同性の再構築を、第43回大会では都市における共同性の再構築を、それぞれテーマとするシンポジウムを開催することとした。

　2017年5月に開催した第42回大会シンポジウムでは、農山漁村地域のくらしと農林漁業の存在基盤としての農村空間、山林、漁場などの共用資源・共有財の管理、利用、運営形態の実態と課題について3人から報告をいただき、その報告をもとにした論文を『地域社会学年報第30集』(地域社会学会編 2018) に寄稿していただいた。また私自身も研究委員長として、解題的な文章を執筆した（吉野2018：5-14）。

　本稿では第42回大会以降の研究例会の内容と、第43回大会シンポジウムについて、経緯と内容を紹介したうえで、論点を整理し、今後の課題を述べる。

1.　第43回大会シンポジウムまでの研究例会の内容

　2017年の大会後、研究委員会は2018年の第43回大会シンポジウムを見据えて、都市部の共同性の再構築に関連するテーマを中心に4回の研究例会を開催した。第1回研究例会は2017年7月15日に開催され、舩戸修一氏（静岡芸術文化大学）による「地域社会の共同性の再構築に向けて−大会シンポジウムの成果と課題」と、田中志敬氏（福井大学）による「地方の抗い−福井市中心市街地の取組みを事例として」が報告された。第2回研究例会は同年10月7日に開催され、武岡暢氏（東京大学）による「歓楽街における『共同性』のねじれ−歌舞伎町から地域社会を考える」と小島英子氏（国立環境学研究所）による「持続可能な生産と消費に向けてコミュニティ組織が果たしうる機能とは？−日本及びタイにおける資源回収活動を事例として」が報告された。第3回研究例会は同年12月2日に開催され、陸麗君氏（大阪市立大学）による「地域社会の多様性と共同性の再構築−大阪インナーシティの

新華僑たちとホスト社会」と浅野慎一氏（神戸大学）による「夜間中学にみる大阪都心」が報告された。そして最終回となる第4回研究例会は2018年2月11日に開催され、林浩一郎氏（名古屋市立大学）による「『リニア・インパクト』を見据えた稼ぐまちづくり運動の行方－名古屋駅西側の再編をめぐるエリアリノベーション戦略」と下村恭広氏（玉川大学）による「スモールビジネスによるリノベーション」が報告された。なお、第3回の研究例会の第2報告者は別の方にお願いしていたが、事情により浅野慎一会員による報告に急遽変更されたものである[1]。

こうした研究例会における議論を踏まえて、第43回大会では、大都市の都心地域の再開発や郊外地域の地域住民組織の再構築の実態と課題を明らかにすることとした。

2. 都市における共同性に関連する地域政策の動向

共同性の再構築に関係する全般的な地域政策の動向については、前巻の年報で述べたので、詳細はそちらを参照してほしい（吉野2018：8-10）。概略的に述べれば、1950年に国土総合開発法が施行され、全総（1962年）、新全総（1969年）、三全総（1977年）と3つの全国総合開発計画が発表され、均衡ある国土の形成が目指されてきた。しかし1987年の四全総で、それまで路線が見直され、大都市圏の開発・再開発による活力の復活が目指された。そして1998年の「21世紀の国土のグランドデザイン～地域の自立の促進と美しい国土の創造～」では、大都市圏のリノベーションと、地域連携軸の形成とネットワーク型開発が提起された。

その後2009年9月に政権交代が起こり、民主党政権（鳩山内閣）が誕生した。鳩山内閣は2010年6月に「新しい公共」という概念を打ち出し、非営利セクターの活性化とソーシャル・キャピタルの育成、新しい公共を担う社会的・公共的人材の育成、公共サービスのイノベーションなどを掲げた。この動きと呼応するように、2010年ごろから、市町村合併後の地域運営の手法として、広域住民自治組織や住民自治協議会の設立が進み、住民と行政とのパートナーシップや協働による地域運営が目立ち始めた。民主党政権から再度、自民党を中心とする政権に政権交代が生じた後の2014年に「国土のグランドデザイン2050」が発表された。「国土のグランドデザイン2050」はコンパクト＋ネットワークにより、「対流促進型国土」の形成を掲げ、国内を大都市圏域（国際経済戦略都市）、地方圏域（小さな拠点、コンパクトシティ、高次地方都市連合）、海洋・離島（領海・排他的経済水域・外洋遠距離離島）の3つの圏域に区分し、それぞれの将来像と役割を明らかにした[2]。

都市における共同性の再構築に関連する動きとして、2000年代に入ってから都市のリノベーションという試みが活発になってきた。既存建造物の再活用や新しい機能の付与、市街地整備事業の新しい方式としての都市再生土地区画整理事業の特例の導入など、都市計画分野での新しい動きが顕在化して、都市再生が図られるようになってきた。北九州市では2011年に「リノベーションスクール」が始まり、同様のスクールが全国各地で開催されるようになった[3]。

また、国土交通省は2012年度から、地方都市における人口の少子高齢化の進行や地域活

力の低下に対して、都市再生整備計画事業を拡充して、地方都市リノベーション事業を創設した。さらに国土交通省は一般財団法人民間都市開発推進機構とともに、地域金融機関と連携して、地域の課題解決に資するリノベーション等（民間まちづくり事業）への出資を行う「マネジメント型まちづくりファンド支援事業」を2017年度に開始している。このように、リノベーションおよびエリアマネジメントは都市再生に係る政策においても用いられる用語となった[4]。

　では地域社会学はこうした動向を踏まえて、都市の再生や共同性の再構築をどのように論じていけばいいのだろうか。大会シンポジウムに至る1年間の研究例会では、全国各地の都市における共同性の構築にかかわる事例の紹介と分析が報告されて、その後に、今回の大会シンポジウムが開催された。このように、今期の研究委員会は当初決定したテーマに沿って、2年間にわたって研究例会と大会シンポジウムを有機的に結び付けてきた。

3.　今回の大会シンポジウム報告および論文の内容

　2018年の大会シンポジウムでは大都市の都心地域の再開発や郊外地域の居住空間や地域住民組織の再構築の実態と課題を明らかにしていくこととした。第一報告として、研究委員会委員でもある山本薫子氏（首都大学東京）による報告、第二報告として都市計画を専門とする饗庭伸氏（首都大学東京、非会員）による報告、そして、第3報告として現場の行政担当者である熊沢誠氏（東京都日野市地域協働課、非会員）による報告が行われた。そして、3つの報告後に討論者として町村敬志氏（一橋大学）と矢野拓也氏（徳島大学）がコメントを行った。

　なお第三報告については、プログラム上は熊沢誠氏と飯野成路氏（日野市地域協働課）の共同報告の形になっているが、実際の報告は熊澤氏が行った。そして、今回の報告にあたり、地域社会学会研究委員会側の担当者として熊本博之氏（明星大学）が大会プログラムに紹介者として記載されている。熊本氏には本年報での論文執筆もお願いし、ここでは熊本氏による論文が収録されている。以下、各報告そして論文の内容の概略を紹介する。

　第一報告者の山本薫子氏は、「都市における共同性の構築・再構築をめぐる可能性と課題」と題して報告を行った。山本氏は、中心市街地活性、産業空洞化に対応した創造都市施策などについて欧州、アジア、北米の都市における動向と、熊本市、北九州市などの国内の地方都市、そして東京都千代田区および世田谷区等の首都圏内の地域におけるリノベーションとまちづくりの展開について概観を行った。その結果、「生業、地域経済活動、資源の共同管理の作業が現実的に存在する地方に対して、都市では基本的にそうした共有は見られないこと（共同管理作業の不在）」、「新規参入者の存在が前提となっていること」、「特に新規参入者が多い場合、共同意識の共有やネットワーク（共同性の範囲）拡大に際してメディア（インターネットを含む）の果たす役割が大きいこと」を特徴としてあげている。そして、媒介者の存在が共同性構築に効果を持つと指摘した。ここでいう媒介者とは、「地域と新規参入者との仲介役割、多様な価値観、問題意識を持つステークホルダー間をつなぐ存在」であるが、「偶発的なアクター同士の共同性や外部支援者に介在される」例も多く、その意味で常

に脆弱さを抱えているという課題がある。

　最後に、資源の共同管理を共有しない新規参入者が多い都市における共同性の構築を成り立たせるものとして、地域や建造物の「歴史」やそれにまつわる集合的記憶の存在を指摘した。集合的記憶の構築によって、都市が新たな共同の場としての位置付けを獲得する可能性がある一方、場合によっては「負の歴史」の塗り替えや隠蔽ともなりうる点もあわせて述べている。

　リノベーションを通じて用途が変化し、新たな利用者が関わる過程で建造物とそれにまつわる歴史が新たに共有され、再生産されていくことは、建造物が位置する地域のイメージ、アイデンティティの再編と結びつく可能性があり、そこに従来とは異なる新たな共同性の構築が生じると山本氏は述べている。

　第二報告者の饗庭伸氏は、「大都市都心の超高層住宅における共同性」と題して報告を行った。饗庭氏は大都市の都心の超高層住宅に住む人々によるコミュニティの形成や共同行為の可能性を、東京都中央区晴海地区で取り組んでいる「まちづくり」を通じて論じた。タワーマンションと称される超高層住宅の建設は2000年代に入って大都市都心を中心に急速に増加した。今後も、東京都中央区晴海地区では東京オリンピック・パラリンピック2020年大会の選手村の建設が進められており、オリンピック大会後には選手村の住宅転用により12,000人もの人口増加が見込まれている。

　かつて郊外に形成された集合住宅団地や戸建て住宅団地に比べて、都心のタワーマンションは、外部との断絶に加えて、それぞれの住戸どうしの独立性も高い。一方、パーティルーム等の共用部が提供され、住民の孤立を緩和するような空間構成を持っている。住民の多くは比較的若く所得の高い層であり、職住が近接し、通勤時間が大幅に短縮できることから、郊外住宅地住民とは全く異なる新しいライフスタイルを持っている。

　またタワーマンションが多数立地する東京都中央区は、徹底した地元重視型の仕組みをとっており、地域組織と区行政が密接な関係を形成しながら都市開発が行われている。区行政と住民組織とディベロッパーは協調的で、「住民参加のまちづくり」が実現している。開発後のタワーマンションのコミュニティも、こうした行政と住民の関係を踏まえ、旧来のコミュニティと断絶を起こさないように、慎重に組み立てられている。また、饗庭氏は中央区からの依頼により、住民の共同活動を支援する活動として、住民や外国人を対象とした不定期のワークショップと、住民組織が主催した「ブラハルミ」という地域を歩くイベントの開催をサポートした。

　報告ではこうした東京都心地区の人口回復の背景とタワーマンションでの活動紹介のあとに、2010年代以降に都心の超高層集合住宅に流入してきた人々が、どのように正統にコミュニティを引き継ぎ、発展させていこうとしているのかについて分析が試みられた。その結果、饗庭氏は都心のタワーマンションにおける「新しい共同性」の特徴として、「実行委員会における古くからの住民層とマンションの新住民の間に特別な格差、断絶は存在していないが、旧来の住民層とタワーマンションの住民層の間には定住志向の差異が想定され、この差異がコミュニティ形成に与える影響については今後慎重にみきわめる必要がある」と述べた。また、コミュニティの共同性の根拠には、お祭りやイベントなどの「ハレの体験」と掃

除や見廻り活動などの「ケの体験」があり、実行委員会の活動は「ハレの体験」を根拠とし たつながりであると考察している。しかし、マンションの維持管理は現状では外部民間企業 に委託されているが、今後は区分所有された超高層住宅は全住民が維持管理という「ケの体 験」に否応なしに巻き込まれることから、今後は「ケの体験」に基づく共同性が強く発現さ れるかもしれないと述べた。

　第三報告者の熊沢誠氏は、「東京郊外における共同性の再構築―日野市を事例に」と題し て報告を行った。熊沢氏によれば、戦後の経済復興に伴い東京都には地方から人が押し寄 せてきた。東京都の人口は、1950年から1960年にかけて340万人以上も増加した。そこで、 東京郊外では大規模団地や住宅団地の形成が進められた。東京都日野市も都心部の「衛星 都市」として発展し、都心のベッドタウンとしての性格を強めていく。人口も1950年から 1970年にかけて3倍以上になり、2018年1月1日現在、184,667人の人口を抱える。

　しかし、今日の日野市は少子高齢化と人口減少という2つの問題に直面している。人口は 今後2025年をピークに減少に転じ、2060年には約1万6千人のマイナスが見込まれている。 高齢人口比率は現在でも24.5％に達し、2060年には35.9％になると予想されている。

　このような現状と未来予測を見据えながら、日野市は、自治会やNPOを管轄する地域協 働課が中心となって、住民協働型の新しいコミュニティづくりを進めてきた。まず、これま では自治会だけを対象としてきた地域懇談会に、地域活動を行っている様々な団体も参加で きるようにして、コミュニティ活性化の核をつくった。さらに2015年度からは、住民主体 の課題解決型活動計画「アクションプラン」が8つの中学校区すべてで始まった。日野市で はこうした活動を通して、地域でまちづくりに励む「まちづくり人」を生みだし、地域を新 しい知恵が創り続けられる「共創の場」にすることで、少子高齢化と人口減少に耐えうる、 住みがいのある地域を作りだそうとしていることを具体的な事例を交えて報告した。

　本年報では、研究委員として日野市職員のシンポジウムへの参加の契機をつくった熊本博 之氏が、日野市のコミュニティ政策が進められた背景と自治会を越えた枠組みによる住民活 動が実現した要因を、都市社会学や地域社会学が蓄積してきたコミュニティ論に基づいて、 考察を加え、論文にまとめている。熊本氏は1990年代にはいって地域社会およびコミュニ ティへの注目が集まった背景として、「経済成長の終焉と財政の逼迫化」と「福祉問題の発 生」をあげた。そして日野市で住民協働型のコミュニティづくりがうまくいった要因とし て、行政が町内会・自治会に依存したコミュニティ政策から脱却し、協力関係の構築を進め るファシリテーターとしての役割に徹したことと、コミュニティ活動への参加による住民の 利得が実感できるようなしくみづくりを行った点を挙げている。熊本氏は実際の活動が「地 域（住民）が地域を知る」ことから始まった点を評価し、「この作業を通して自治会の人た ちも地域活動団体の人たちも、自分たちが住んでいる地域が抱えている課題を把握し、共有 することができた」と述べている。

　一方で、日野市で抜本的な改革が実現した地域特性として、移住者（新住民）の多い点を 指摘し、地域アイデンティティやシティプライドがあまり高くないことが、アクションプラ ンのような新しい試みを成功させる要因になっているとした。熊本氏は「共同性の強い地域 では他者は受容されにくく、普遍的な包摂、つまり公共性は実現しづらい。一方で公共性の

◆特集　都市における共同性の再構築

実現を強調すれば平等性は確保できるが、固有性が損なわれてしまうため『われわれ意識』、すなわち共同性は生まれにくい。このジレンマへの対処もまた、コミュニティ政策の重要な課題である」と述べている。今後の課題としては、「もともと強い共同性をもっている地域において、多様な主体を包摂するような公共性をいかにして実現していくのか」という点を挙げ、「強い共同性をもつ地域が宿している『熱』をうまく使いながら、温かい公共性を地域に実現していくような施策が求められているといえよう」と論文を結んでいる。

4.　都市における共同性の再構築とコモンズ

　シンポジウムでは都市における共同性は、対象とする区域の立地条件や開発の経緯や履歴、そして居住者の属性の違いによってさまざまな形態をとることが明らかにされた。今日の都市の開発や再開発は、大型のタワーマンションの建設がある一方で、リノベーションという用語で示されるように、従来の空間や建築物の用途や機能の転換や、新しい意味の付与という形も進行している。

　リノベーションによって、活動や事業の目的が異なる人々やグループが新たな空間を共有することで、事業者、物件所有者、周辺住民等も巻き込んだ共同性が広がっていく可能性がある。一方、極めて現代的な居住スタイルである東京都心地区のタワーマンションであっても、そこには祭礼やイベントといった「ハレ」の場面と、清掃や見廻りといった「ケ」の場面での活動を通じて、居住者間および周辺地域の住民の間での関係性の存在があり、それが共同性の構築につながっていく可能性がある。さらに人口増の時代に開発された郊外住宅地では、人口の高齢化や居住層の入れ替わりなどから従来の比較的な狭いエリアをカバーする町内会や自治会ではなく、より広域の地域をカバーする住民協議会が設立され、街歩き活動やラジオ体操などを通じて、従来の自治会主導の地域運営とは異なるより開かれた地域運営の形態がみられるようになった。

　このようなさまざまな事象を統括的にまとめることは大変難しいが、現代の大都市の中心市街地、超高層マンション地区、郊外住宅地のいずれにおいても共同性自体が消滅するわけではなく、新たな形態や構成員によって一定の集団や組織が形成され、その集団や組織が核となって活動を展開しつつあることが確認された。

　以下では、これまであまり触れてこなかった角度から都市の共同性について考察してみたい。それは「コモンズ」という概念による共同性の分析や考察である。研究委員会のなかでも「コモンズ」という概念について意見交換を行ったが、「コモンズ」概念が多様な内容を包含していることから積極的にこの用語を使用することは控えることとした。そうではあるが、「コモンズ」をめぐる議論は今般、さまざまな展開をみせている。そしてそこには共同性や公共性といった今回のシンポジウムのテーマに関連する内容が見え隠れしている。

　共同性の問題を公共性という概念と交えて考察したのは、2010年に刊行された田中重好氏の『地域から生まれる公共性』(田中 2010) である。そこでは共同性は公共性と並んで現代における地域社会を考えるうえで重要な概念として提起された。ただ田中氏は同書でコモンズ概念については、ごくわずかな言及をしているだけであり、環境社会学的な文脈で紹介

するにとどまっていた。しかし、従来は農山漁村地域の自然資源の配分や利用をめぐる問題や環境問題を読み解く概念として注目されてきたコモンズ概念について、近年では、都市におけるコモンズ、あるいは都市と農山漁村の双方にまたがるコモンズという視点からの研究成果が発表されるようになってきた。特に2010年代に入ると、都市にかかわるコモンズの研究成果が相次いで発表されるようになった。

　まず2012年に法政治学を専攻する高村学人氏による『コモンズからの都市再生』(高村2012) が刊行された。そこでは、都市の児童公園、集合住宅、景観などが都市コモンズとして捉えられ、都市再生をはかるうえでそれらが重要な役割を果たすことが研究された。次いで2013年に『コモンズと公共空間　都市と農村の再生にむけて』(間宮・廣川編 2013) が刊行された。そこでは、里山再生、漁業権制度といった従来型のコモンズを想起する研究と並んで、都市の観光化、マンション、そしてロンドンのスクエアについて考察する論文が収録されている。

　学術団体による都市コモンズ研究もみられるようになった。2016年に『新コモンズ論』(細野・風見・保井編 2016) が刊行されたが、これは日本計画行政学会コモンズ研究専門部会の研究成果をとりまとめたものである[5]。ここでは、これまでのコモンズ概念の適用領域の拡張がみられ、知的財産、アート、コミュニティ会議、中心市街地がコモンズ概念を用いて考察されている。またコミュニティ政策学会は『コミュニティ政策15』(コミュニティ政策学会編 2017) で特集「コミュニティ政策からみた都市コモンズ」を組み、解題と3本の論文を収録している。解題では「都市コモンズはどのように創出され、利用され、あるいは管理されるのかを問うことは、地域共同管理にどのような主体がいかに関わるかを問うことである」(コミュニティ政策学会編 2017：44) と述べられており、都市コモンズの研究の進展に期待が寄せられている。

　2017年に中庭光彦氏が発表した『コミュニティ3.0』(中庭 2017) では、「コミュニティとはコモンズを守る組織である。そしてコモンズは『みんなで守る資産』という意味で地域経営の観点から紹介した」(中庭 2017：32) と述べられているように、コモンズ概念はコミュニティを考えるうえで、重要な概念として扱われている。そして、2019年2月に『社会のなかのコモンズ−公共性を超えて』(待鳥・宇野編 2019) という著作が発表された。編著者は政治学者の待鳥聡史氏と宇野重規氏である。「まえがき」で宇野氏は「汎コモンズ主義者（なんでもコモンズ！）になる愚は避けなければならない」としながらも「具体的なものや場所を介して人と人を繋げるこの概念は、かなり現代社会を分析する上で有効なはずだ」(待鳥・宇野編 2019：8) と期待を寄せている。そして、収録されている対談で待鳥氏が「コモンズって、言い換えると、都市の持つ自由さ、多様性ではないか、という気がしています。都市は歴史的にも、たくさんの人がいて、でも相互にぶつかり合わずに自由に生きられる空間ですよね。そのときに、都市は誰の持ち物かという話はあまり関係ない……」(待鳥・宇野 2019：14) と述べているように、都市とコモンズの適合的な関係が述べられている。また同書には砂原庸介氏による論文「コモンズとしての住宅は可能だったか」(砂原 2019) も収録されており、住宅を考える際にコモンズ概念を使って分析する手法は繰り返し登場している。

◆特集　都市における共同性の再構築

このように「コモンズ」概念を使って都市の集合的な資産や関係を分析する試みは、分野を超えてみられる現象となってきた。「コモンズ」をマジックワードのように用いたり、「汎コモンズ主義者」に陥ることは避けなければならないが、共同性あるいは公共性を考えていく場合に重要な示唆や切り口を与える用語になっている。

おわりに

研究委員会では、共同性の再構築をテーマにするにあたり、「コモンズ」概念を積極的に使用しなかった。その理由は、「コモンズ」が大変多義的な意味をもつ用語であり、その意味を確認する作業をしながら共同性を論じていくことが、限られたシンポジウムの時間設定のなかではあまり生産的な作業にならないと思われたことと、すでに上記のようにコミュニティを扱う隣接学会で「都市コモンズ」が取り上げられていることから、同じような議論になることを避ける意味もあった。

今回のシンポジウムでは共同性の再構築を論じるにあたり、「コモンズ」概念を使わなくとも、示唆に富む内容をもつ報告がなされ、それをもとに作成された論文が本年報に掲載されていることは大きな成果である。都市における共同性を考察する場合、住民意識あるいは住民合意は物的資源の維持に欠かせない要素である。住民あるいは住民組織はどのようにして合意を形成し、自主・自律的に共有資源の運営、管理をすすめていくことができるかを問うことは、これらの地域社会の持続可能性を解き明かしていくことにつながると考えられる。

地域社会の共同性ならびに公共性の問題は、地域社会学にとって重要な概念であり、今後もまた取り上げられることがあろう。その時は、各方面の研究者や学術団体で注目されている「コモンズ」あるいは「都市コモンズ」概念についても検討を加え必要がでてくるのではないだろうか。地域社会学会がコモンズ概念にどのようにアプローチして、都市と農山漁村地域の今日の課題にアプローチにいくかは、今後の残された課題である。それは次世代の研究者の手腕にまかせることにしたい。

注
⑴　研究例会の報告内容および印象記は地域社会学会会報で読むことができる。
⑵　この内容をめぐっては地域社会学会第 41 回大会（2016 年）の大会シンポジウム「国土のグランドデザインと地域社会」において取り上られ、『地域社会学会年報第 29 集』で特集が組まれている。
⑶　リノベーションスクールについては以下のウエッブサイトを参照のこと。http://renovationschool.net/
⑷　国土交通省ホームページを参照のこと。http://www.mlit.go.jp/
⑸　2009 年 9 月〜 2014 年 12 月に開催された研究会の報告をもとに、日本計画行政学会コモンズ研究専門部会事務局・世田谷区職員の東海林伸篤氏が 2016 年 3 月にまとめた資料として「コモンズ研究会における議論について」がある。詳細は以下のウエッブサイトを参照のこと。http://

－12－

www.japanpa.jp/6_1/commons/

　なお東海林氏は地域社会学会の2016年度第2回研究例会（2016年10月7日）で、「地域主体のまちづくりにむけて——世田谷と川越等のケースを踏まえ日本計画行政学会コモンズ研究会の議論を振り返る」と題する報告を行っている。

参考文献

馬場正尊＋Open A，2016,『エリアリノベーション』学芸出版社

地域社会学会編，2017,『地域社会学会年報第29集　国土のグランドデザインと地域社会：「生活圏」の危機と再発見』ハーベスト社

地域社会学会編，2018,『地域社会学会年報第30集　地域社会における共同性の再構築」』ハーベスト社

コミュニティ政策学会編，2017,『コミュニティ政策15』東信堂

細野助博・風見正三・保井美紀編，2016,『新コモンズ論』中央大学出版部

間宮庸介・廣川祐司編，2013,『コモンズと公共空間——都市と農山漁村の再生にむけて』昭和堂

待鳥聡史・宇野重規編，2019,『社会のなかのコモンズ——公共性を超えて』白水社

中庭光彦，2017,『コミュニティ3.0』水曜社

大野秀俊・饗庭伸他，2018,『コミュニティによる地区経営』鹿島出版会

清水義次，2014,『リノベーションまちづくり——不動産業でまちを再生する方法』学芸出版社

砂原庸介，2019,「コモンズとしての住宅は可能だったか」待鳥聡史・宇野重規編『社会のなかのコモンズ——公共性を超えて』白水社，99-126

高村学人，2012,『コモンズからの都市再生』ミネルヴァ書房

高村学人，2013,「コモンズとしてのマンション」間宮庸介・廣川祐司編『コモンズと公共空間——都市と農山漁村の再生にむけて』昭和堂，143-174

田中重好，2010,『地域から生まれる公共性——公共性と共同性の交点』ミネルヴァ書房

上野美咲，2018,『地方版エリアマネジメント』日本経済評論社

矢野拓也，2016,「中心市街地の活性化とコモンズ」細野助博・風見正三・保井美紀編『新コモンズ論』中央大学出版部，189-221

吉野英岐，2006,「戦後日本の地域政策」岩崎信彦・矢澤澄子監修『地域社会学講座第3巻地域社会の政策とガバナンス』東信堂，5-22

吉野英岐，2018,「地域社会における共同性の再構築をめぐって」地域社会学会編『地域社会学会年報第30集　地域社会における共同性の再構築』ハーベスト社、5-14

◆特集　都市における共同性の再構築

都市における共同性の構築・再構築をめぐる可能性と課題

山本薫子

1. 本稿の目的

　本稿は、地域社会学会第43回大会シンポジウム（2018年5月開催）での報告「都市における共同性の構築・再構築をめぐる可能性と課題」内容に沿って、現代日本の都市における物的資源（住宅や店舗、公共施設、公園等）の新しい管理や活用（リノベーション）をめぐる動向、それに関連した新たなまちづくりの事例を概観し、それらに見られる共同性の構築・再構築の状況、課題について検討する。

2. 「リノベーション」および「リノベーションまちづくり」に関わる研究・実践の動向

2.1　「リノベーション」および「リノベーションまちづくり」の普及と展開

　近年の日本では、住宅や店舗、公共施設、公園などの物的資源の新しい管理や活用の展開が見られ、これらを総じて「リノベーション（リノベ）」と呼びあらわす流れがある。英語のrenovationは古い建物、部屋、家具等を修復、修理、改築するという意味、および革新、刷新という意味を持つ。しかし、それらとはやや異なり、既存の建物、とりわけ遊休化したり十分に活用されていない建物に新たに工事を施すことでその性能を新築の状態よりも向上させたり価値を高めるという意味で、今日、日本語のリノベーションという語が用いられる傾向にある。審美的な価値の向上の意味合いを多分に含んで用いられる場合も多く（下村2017; 2018）、新たな工事によって利用、活用が促進される、新たな利用者層の獲得につながるという期待を含めて用いられることも多い。これは日本独特の用法、状況である。

　なお、日本語の建築用語では「リフォーム」(和製英語)の手法としてリノベーション（既存建物物の用途を変更せずに価値を向上させる）とは別に、「コンバージョン（conversion）」（既存建物物の用途を変更することで価値を向上させる）があるが、（日本語の）リノベーションという語の普及にともなって近年は用途変更もリノベーションに含めて呼び表すことも増えている。本稿で紹介する事例でも既存建物物の用途を変更したものをリノベーションと表現しているものもある。

　リノベーションの実例はすでに全国各地で多く、特に建築学、都市計画などを中心とした学術分野（東京大学 cSUR-SSD 研究会 2007）、および不動産や建設技術の実践現場において事例紹介、議論、一般向けの情報提供等の多くの蓄積がある[1]。リノベーションと地域社会、まちづくりとの関連についても、清水（2014）、嶋田（2015）、馬場ほか（2016）など、特

◆特集　都市における共同性の再構築

に2010年代半ばから国内、国外での事例とそこでの取り組みの具体的な手法、考え方の紹介、議論が活発に行われている。

「リノベーションまちづくり」とは、遊休不動産を活用した都市再生の手法で、現在、日本各地で試みられている。民間事業者を中心とした活動から始まり、現在では施策の一部に採用する自治体も増えている。その背景の一つとして、まち・ひと・しごと創生法制定（2014年）が挙げられる。例えば、静岡県沼津市では同法に基づいて「沼津市まち・ひと・しごと創生人口ビジョン・総合戦略」にリノベーションまちづくり事業を公民連携の取り組みとして位置付けている[2]。こうした施策は地方都市が中心だが、首都圏でも豊島区が「空き家問題解決」を中心課題として2014年より実施している[3]。

2.2　地域社会学、都市社会学等の分野での研究動向と視点

以上の状況に対して、日本の地域社会学、都市社会学分野では大都市インナーエリア、地方都市の中心市街地再生・活性化の観点からの事例報告、分析が行われてきた。大都市インナーエリアでの事例を扱ったものとしては、東京・墨田区を事例に、老朽建造物の審美化がそれまで人通りの少なかった場所や細街路での新規出店や新たな商業空間形成につながっている動きについて検討した下村（2017; 2018）のほか、同じく東京・墨田区でのアートプロジェクト、アートのまちづくりについて分析した金（2013）、名古屋駅前の事例について実践的な観点から検討した名古屋大学人文学部・大学院人間文化研究科（2017）などがある。また、地方都市の中心市街地再生・活性化、リノベーションまちづくりとしては築山ら（2016）などの成果が数えられる。

社会学の近接分野では、地理学の研究としてキーナー（2014）、水内ほか（2015）が大阪のインナーエリアにおける長屋の店舗等への転用状況とジェントリフィケーションとの関わりについて議論している。

3.　中心市街地活性、産業空洞化に対応した国際的動向

以下では、中心市街地活性、産業空洞化に対応した国際的動向を概観し、昨今の状況や課題、論点を確認する。

3.1　役割を終えた工業関連跡地の活用と観光資源化

20世紀末以降、主に欧米諸国を中心に都心部衰退問題に対応する市街地活性の取り組みが進められ、交通機能の整備、環境保全等とともに、役割を終えた工業関連跡地の活用、用途外への転用（コンバージョン）も進められてきた。代表的な例としては、ビルバオ（スペイン）での旧市街地再生、ネルビオン川沿岸整備、鉄道操車場跡地の歩行者空間・公共空間整備、美術館誘致（1997年美術館開館）とそれにともなう観光化（野原2007）、マルメ（スウェーデン）のヴェストラハムネン地区での旧造船所工場跡地を転用した環境共生住宅地域整備等（2000年開発開始）などが挙げられる。工業関連跡地を芸術、アート関連の施設に転用した代表例としては、ロンドン（英国）のテートモダン（元発電所を転用した国立美術

−16−

図1 上海の1933老場坊（2016年3月撮影）

館、2000年開館）等がある。

　こうした状況はアジアでも見られる。上海（中国）の1933老場坊（2008年開設）はかつての大規模な屠殺場（1933年開業）を転用した複合施設で、アートスペース、店舗、デザイン事務所等が入居する。1933老場坊が位置する虹口区はかつての租界にあたり、屠殺場施設は英国人建築家によって設計された。複合施設開業ともに東西の様式を融合した個性的な建築も注目され、今では観光地の一つに数えられている。

　台北（台湾）の華山1914文化創意産業園区（2007年開設）、松山文創園区（2011年開設）はいずれも日本統治時代の工場の建物をアート関連施設に転用したものである。前者は台湾総督府専売局の酒工場（日本敗戦後から1987年までは台湾政府の酒工場）、後者は煙草工場（日本敗戦後から1998年までは台湾政府の煙草工場）であった。いずれもアート展示だけでなく、若手アーティストの育成、子ども・市民対象の文化芸術関連のワークショップの実施、店舗併設がなされ、国内外の観光客も訪れる場所となっている。

3.2　インナーエリアの商業活性

　空洞化したインナーエリアでの商業活性においても建造物の活用、とりわけ歴史的価値に注目した活用の例が見られる。

　一例として台北（台湾）の大稲埕地区が挙げられる。大稲埕地区は19世紀末（清国統治末期）から日本統治時代をピークとして水運（淡水河）を軸に貿易、商業地域として栄え、同時に文化活動、権利要求運動等の中心ともなった地域である。豪商による商館建築、洋館建築等が多く建てられたが、道幅の狭さ等に起因する利便性の問題などから、1970年代以

◆特集　都市における共同性の再構築

図2　台北の松山文創園区（2018年4月撮影）

降、徐々に商業的に衰退し、1990年代には空き店舗、建物の老朽化、廃墟化も目立つようになった。その後、大稲埕地区内の迪化街（商店街、問屋街）が2000年に景観保護区域の指定を受け（大稲埕歴史風貌特定専用区）、歴史的建造物（老建築）の補修、それらを転用した新たな店舗、飲食店、若者世代を中心とした創造拠点（小規模ビジネス育成）、歴史ミュージアム等の開設が進み、商業地としてだけでなく、地域史を軸とした新たな観光地としても賑わいを取り戻した。中華民国以前の台湾文化の中心地であったことから、近年は若い世代を中心に地域の歴史、当時の暮らしや文化にも関心が集まっている（片倉 2014）。

　バンクーバー（カナダ）のダウンタウンイーストサイド地区では、地域荒廃によって長く閉店状態にあった旧百貨店店舗の一部を再利用し、新たに集合住宅、大学キャンパス、店舗、飲食店、市役所分室、非営利団体事務所なども入居する複合施設ウッドワーズが2009年に新設された。これによって周辺地域に飲食店、商業施設が新たに進出する流れが生まれ、地域経済活性、治安改善が評価される一方、地価上昇、家賃上昇にともなう低所得層への圧迫が生じているという批判も起きている。バンクーバーや他の北米都市では家賃高騰が大きな社会問題となっているが、こうした情勢を背景に、リノベーションと立ち退き（eviction）を合わせた造語「リノヴィクション」（リノベーションを理由に家賃を値上げし既存住民を立ち退かせる）も生まれ、今では一般に普及して用いられる語となっている（山本 2018a）。

4.　日本の地方都市での「リノベーション」および「リノベーションまちづくり」の展開

　以下では日本の地方都市におけるリノベーションおよびリノベーションまちづくりの展

図3　台北の大稲埕地区（2018年4月撮影）

図4　バンクーバーのウッドワーズ（2017年2月撮影）

開、取り組みについて、事例を挙げながら紹介する。4.1で地元事業者によって老朽化建造物の転用がなされた事例を取り上げ、4.2で複数の地方都市を対象としたリノベーションまちづくりの活動について紹介する。

4.1　地元事業者による老朽化建造物の転用と若者層誘致

　熊本市市街地の細街路である上乃裏通りには老朽化した木造建築が多く残っていたが、改

◆特集　都市における共同性の再構築

修コストがかかるため、放置したり駐車場とする所有者が多かった。これに対し、1980年代後半に県外から移転した業者が蔵を利用した飲食店を開店し、若い客を中心に人気となった。経営側から見ても、木造建築を転用することで市街地中心部としては出店コストが低く抑えられることから、新規開店を望む若い世代に注目された。こうした事柄を背景に、老朽化した建物のリノベーションと飲食店オープンが続き、一帯は若者層を中心に多くの客が集まるようになった。

　同じ熊本市に位置する河原町繊維問屋街は昭和30年代に建設された問屋街だが、空き店舗のまま老朽化していた。2000年代前半に熊本市内出身の女性が建物の風情に魅力を感じてギャラリーを出店し、自治組織を結成した。その後、若者層を中心にアーティスト、クリエイターが出店したりアトリエとして利用し、クリエイターの集まる場として注目された（2016年に火事で一部店舗が消失）。

4.2　複数の地方都市を対象としたリノベーションまちづくりの活動

　4.1は地元事業者が中心となって地域内で行われた老朽化建造物の転用の事例だが、次に複数の地方都市を対象としたリノベーションまちづくりとその専門家のネットワーク、リノベーションまちづくりのための知識や技術を教える「リノベーションスクール」の活動について、事例を見ていく。

　2002年、千代田区（東京都）ではSOHOまちづくり検討委員会が立ち上げられ、翌2003年に千代田区・神田REN（Regeneration Entrepreneurs Network）プロジェクトが開始された。これは、問屋街であった神田・裏日本橋（馬喰町、人形町など）の遊休不動産を活用した持続型産業創造の取り組みであるが、ここで主要な役割を担ったのが清水義次氏（地域再生プロデューサー）であった。清水氏は「現代版家守（やもり）」（民間まちづくり会社）によるまち再生マネジメントを提言し、実際に区内の築40年以上のテナントビルをシェア・レンタルオフィスに転用する事業も行った（2003年から5年間の暫定利用）。また、2003年には千代田区東神田において遊休化した不動産を活用しアート系イベントを実施し（CETセントラルイースト東京）、これを契機に2010年ごろまでには35軒ほどのギャラリーが集積し、「東京の新しいアートエリア」と呼ばれるまでに至った（清水2014）。

　清水氏は2009年に北九州市産業経済局から小倉駅前中心市街地の遊休不動産活用について相談を受け、それに基づき、市は2010年に清水氏を招いて小倉家守構想検討委員会を発足させた。検討委員会での議論や講座開催等を経て、2011年に小倉家守構想が策定された。このとき、清水氏とともに小倉駅前中心市街地でのリノベーションまちづくりに関わった専門家の一人が嶋田洋平氏である。嶋田氏は北九州生まれの建築家で、テナントが撤退して苦境にあった小倉・魚町商店街のテナントビルのオーナー（商店街組合理事長）とも以前から繋がりがあった。嶋田氏が「35歳以下限定」で入居者を集め、その空き店舗に若いクリエイターを誘致し、カフェ、雑貨、服飾などが入る複合施設として2011年6月にオープンしたのが「メルカート三番街」である。同時に、同じビルの別フロア（150坪）を工芸作家等のシェアアトリエ「ポポラート三番街」として2012年4月にオープンした（嶋田2015）。

　さらに、2011年8月に北九州市小倉魚町で第一回目のリノベーションスクールが開催され

図5、図6 小倉駅前中心市街地のメルカート三番街（2015年6月撮影）

た。これは、全国から参加する受講生がその地域の空き家、空き店舗を活用したリノベーションの提案を、3日〜4日の合宿形式で、実践的に行う講座である。嶋田氏らはこの講座運営の主要な役割を担ってきた。その後、現在に至るまで地方都市を中心に全国各地でリノベーションスクールが開催され、一部は事業化に至っている（九州工業大学 徳田光弘ほか

◆特集　都市における共同性の再構築

2014; 一般社団法人リノベーションまちづくりセンター 2013)。

5. 首都圏での建造物活用、更新の展開

5.1 東京23区周縁部の状況

　東京23区のうち周縁部にあたる地域では使用されなくなった倉庫やその跡地が、主に若者を対象とした飲食店、イベントスペース、ギャラリー、衣類店等として転用される事例が近年多数見られる。

　民間企業による自社所有の施設の用途転換の例としては、臨海部（港区天王洲アイル、芝浦等）において倉庫会社が自社の倉庫をアートギャラリー、イベントスペース等に転用したケースがある。また、工場や倉庫の跡地を新規の商業施設として転用する例としては、江東区木場の材木工場跡地が海外発のコーヒーショップ（ブルーボトルコーヒー）に、台東区蔵前の玩具店倉庫がゲストハウス兼カフェ（ホステルヌイ）に、同じく蔵前の包材倉庫が米国チョコレートショップ（ダンデライオンチョコレート）の日本進出1号店にそれぞれ転用され、海外からの観光客も含め、特に若い世代から人気を得ている。

　このようなリノベーションの商業的利用の一方、台東区、墨田区等では老朽化した住宅が若者向けの衣類店や小規模ギャラリー、イベントスペース等に転用される事例が複数あり、これらの中には東京芸術大学やアート関係者との連携、繋がりを通じて「面」的な広がりを見せているものもある。例えば、東京都の外郭団体によるアートイベント、芸術家拠点形成に関する支援、運営等は墨田区や台東区等の遊休化した建物を利用して実施されてきた（事

図7　江東区平野のブルーボトルコーヒー店舗（2018年4月撮影）

図8 台東区蔵前のホステルヌイ（ゲストハウス兼カフェ、写真右の建物）（2018年4月撮影）

図9 台東区蔵前のダンデライオンチョコレート店舗（2018年4月撮影）

例は（金 2013）等で詳しい）。

　さらに、公共部門による用途転換の事例も多い。JR東日本は、秋葉原駅と御徒町駅の高架下を活用し、若手職人が製造兼販売を行うことができる場を集積させ（2k540 AKI-OKA ARTISAN）、またかつての万世橋駅の遺構を転用し、飲食店、ショップが入居する複合施設を開設した（マーチエキュート神田万世橋）。さらに、千代田区では廃校となった区立中学校がアートスペースに転用され（3331 Arts Chiyoda）、同じく廃校になった新宿区の公立学

◆特集　都市における共同性の再構築

図 10　台東区谷中の HAGISO（カフェ、ギャラリー、ホテル等の複合施設）（2015 年 7 月撮影）

校が美術館、企業本社などへ用途転換されるなどの事例も見られる。

5.2　東京都郊外部の状況

　住宅地域、市部といった東京都の郊外部における事例として、まず行政による空き家等の活用が挙げられる。世田谷区では、世田谷トラストまちづくりによって区内の空き家等（空き家・空室・空き部屋）を地域活動の拠点として活かす取り組みが進められている。地域共生のいえづくり支援事業（2005年～）は区民が所有する建物の一部あるいは全部を活用した地域でのまちづくりの場づくりを支援する事業である。

　民間による空き家活用も各地で行われている。例えば、国立市谷保「やぼろじ」では10年以上空き家になっていた旧家を改修し、カフェ、工房、建築家事務所等が入居して活動を行うと同時に、地域に開かれたイベントも開催されている。他にも、空き家ではなく、自宅の空き部屋や低利用部屋を定期的に一般に開放して交流を行う取り組み（「住みびらき」）も各地で見られる（アサダ 2012）。

6. 横浜での創造都市施策と連動した状況

創造都市施策と連動した事例として、横浜市における文化芸術の持つ創造性を活かした産業振興や地域活性化の取組みとリノベーションの関連について紹介する。横浜市では、1990年代から「クリエイティブシティ（創造都市）」施策が実施されてきた。この背景には、みなとみらい地区の開発と観光化が進展する一方で、既存業務地区である関内・関外地区の経済活性化と中小企業育成が課題とされてきたことがある。以下で、関内・関外地区におけるリノベーションの状況を紹介する。

6.1 馬車道駅周辺（中区）

馬車道駅周辺には1929年に建造された旧第一銀行横浜支店を転用したYCCヨコハマ創造都市センターがある。これは、2003年の移転・改築後、横浜市都心部歴史的建造物活用事業（歴史的建造物を活用した芸術文化創造プログラム）での再活用を経て、現在は、カフェ、ギャラリー、コワーキングスペース（シェアオフィス）、イベントスペース等を含む施設として利用されている。

生糸貿易倉庫会社の関連施設であった北仲BRICK & 北仲WHITEはこの周辺で再開発事業を進めようとしていた森ビル、NPO BankART1929（アートNPO）の共同プロジェクトの場として活用された。これは、2005年から1年6カ月間、アーティスト、建築家、デザイナー、ジャーナリストなど文化芸術活動に関連するグループ約50組が期限つきで入居し、それぞれの事業、活動を行なったものである。

そして、1953年に建設された日本郵船倉庫を転用し、文化複合施設としたものがBankART Studio NYKである。2006年、2008年にそれぞれ改修され、アートスペース（展示室、ホール、制作スタジオ等）として活用されてきた（2018年3月末に閉鎖）。

6.2 黄金町（中区）

黄金町は、第二次大戦後に形成された特殊飲食店街であったが、2005年に県警が大規模摘発を実施し特殊飲食店が全店閉鎖した後、地元商店会を中心としたまちづくり活動、アーティストやNPOとの協力を通じてアート拠点の形成が行われている。2008年以降は、アートイベントである黄金町バザールが毎年開催され、かつての特殊飲食店の建物を利用したアーティストインレジデンス（芸術家による滞在型制作）、地元商店会とNPO等が協力した地域イベントも開催されている。

6.3 関内駅周辺（中区）

関内駅北口方面（中区相生町）では老朽化したオフィスビルの利活用が課題となっていたが、このうちの一つをシェアオフィスとして、まちづくり活動の拠点、建築家・編集者・デザイナー等の作業場とする取り組みが複数箇所で実施されている（さくらWORKS、泰生ポーチ）。また、神奈川県中小企業共済会館内のコワーキングスペースを活用し、ビジネスインキュベーション（創業・新事業創出支援）拠点も設置されて、若い起業家、クリエイター

◆特集　都市における共同性の再構築

の拠点として利用されている。

6.4　芸術不動産事業

　横浜市中区を中心に、アーティストやクリエイターの創作の場づくりを形成するこうした事業が進められてきている背景の一つに、自治体による助成がある。横浜市と横浜市芸術文化振興財団が共同で運営するアーツコミッション・ヨコハマでは、建物の所有者やサブリースを行う事業者を対象に芸術不動産リノベーション助成を 2010 年から実施した（事業は継続しているが補助金拠出は 2014 年度まで）。これは、民間の賃貸物件の開拓を通じて低利用不動産の活用の活発化と芸術活動拠点の育成、アーティストやクリエイターの横浜への誘致を目指すものである。

7.　都市における共同性の構築・再構築

　以上、商業的利用も含めた各地でのリノベーションの事例について紹介した。いずれも比較的新しい現象であり、今後の変化にも注目していきたいが、現時点で指摘できる日本の都市での共同性の構築・再構築についてその特性を挙げ、可能性と課題について検討する。

　まず、生業、地域経済活動、資源の共同管理の作業が現実的に存在する地方に対して、都市では基本的にそうした共有は見られないこと（共同管理作業の不在）が挙げられる。都市では、活動や事業の目的が異なる人々、グループがリノベーションによって成立した空間を共有することで生まれる新たな共同性が想定され、それは利用者間だけでなく、事業者、物件所有者、周辺住民等も巻き込み、広がっていく可能性をはらんでいる。

　次に、新規参入者の存在が前提となっていることが挙げられる。成員が比較的固定的である地方での共同性構築に対して、都市では流動性、新規参入機会の多さが特徴となる。自ずと、新規参入者を含めた共同性構築はリノベーションによって成立した施設、場の運営・事業継続の際の課題となる。文化、背景を異にする新規参入者が多いほど利害調整、合意形成、ルール作成が求められる。特に新規参入者が多い場合、共同意識の共有やネットワーク（共同性の範囲）拡大に際してメディア（インターネットを含む）の果たす役割は大きい。例えば、横浜の北仲 WHITE には Web メディア「ヨコハマ経済新聞」が入居し、周辺の新規事業を多く報道することでネットワーク形成に貢献した。また、この経験から小倉のメルカート三番街では初期段階で同系列の Web メディア「小倉経済新聞」を誘致した。同時に、運営側にとってはメディアを使いこなすスキルや経験が不可欠ともなる。

　以上のような状況において媒介者としての翻訳者の存在が共同性構築に効果を持つ。つまり、地域と新規参入者との仲介役割、多様な価値観、問題意識を持つステークホルダー間をつなぐ存在である。例えば、横浜・黄金町の事例では、長く横浜市のアート事業に関わってきた人物（アーティスト）が地元商店会・NPO・行政と他のアーティストたち（異なる価値観を持った新規参入者）をつなぐ役割を果たした。背景としては、アクター間をつなぐ役割の必要性について行政側が十分認識していなかったため、結果的に、もともとそれぞれのアクターとすでにつながりがあり、それぞれの価値観や考えを理解し、他に理解できるよう

図11 リノベーションされた建物に入居する、台北・大稲埕地区の書店。地域や台湾の歴史、アートに関連する書籍を多く扱う。(2018年4月撮影)

伝えることのできる人物が互いを結びつける役割を果たした。このことは、アーティストらが参加するイベント等を通じた地域活性が契機となって地元商店主らが新規に商店会を設立するなど、地域での新たな共同性の構築につながった(山本2013)。一方で、田中(2018)が指摘するように、こうした状況は「偶発的なアクター同士の共同性や外部支援者に介在されることで成立する」例も多く、その意味で常に脆弱さを抱えているという課題がある。

最後に、資源の共同管理を共有せず、新規参入者も多い都市の共同性構築を成り立たせるものとして地域や建造物の「歴史」やそれにまつわる集合的記憶の構築について指摘しておきたい。リノベーションとの関連で言えば、すでに役割を終えた建造物の「歴史」が過去の地域経済活動、地域文化と関連付けて語られ、それに対する関心、再評価を通じて旧来からの住民、経済活動・産業の関係者、新規参入者、利用者らがつながり、共同性が生まれる可能性がある。例えば、台北・大稲埕地区では最盛期の歴史、文化への注目、関心が若い世代を中心に高まり、そのことが建造物保存や再評価、地域への訪問のみならず、歴史をテーマにしたビジネス(地域史を扱った書店など)、地域活動(地域史をめぐるまちあるきなど)の展開につながっている。また、生糸貿易倉庫会社の関連施設であった北仲BRICK & 北仲WHITEが新たな文化芸術活動の場として開設されたことは、その建造物の歴史性とともに横浜の生糸貿易の歴史を「地域の歴史」として、新規参入者も含め、新たに伝える効果ももたらした。

さらに、リノベーションされた施設が地域の歴史・文化のシンボル的存在と連携することは、地域の新たな共同の場としての位置付けを獲得する可能性にもつながる。例えば、東京・3331 Arts Chiyodaでは神田祭(神田明神)の展示や巫女舞奉納、山王祭(日枝神社)の展示が行われた[4]。

これらは建造物が位置する地域の歴史への理解、関心につながる一方で、場合によっては「負の歴史」の塗り替えや隠蔽ともなりうる。いずれにしても、リノベーションを通じて用途が変化し、新たな利用者が関わる過程で建造物とそれにまつわる歴史が新たに共有され、再生産されていくことは、建造物が位置する地域のイメージ、アイデンティティの再編とも結びつく可能性を持つものといえよう。

注
⑴ 「新建築」2018年4月号（「特集　アクティベートの手法——リノベーション17題」）など。新建新聞社発行の「リノベーション・ジャーナル」は2013年にvol.1が発行され、2018年11月現在、vol.15まで発行されている。各号ともリノベーションに関わる具体的な施工手法が紹介されている。
⑵ 沼津市ホームページ「リノベーションまちづくりとは」
　　https://www.city.numazu.shizuoka.jp/renovation/towa/index.htm（2018年11月29日最終閲覧）
⑶ 豊島区ホームページ「リノベーションまちづくり」
　　http://www.city.toshima.lg.jp/322/machizukuri/sumai/kekaku/renovation/index.html（2018年11月29日最終閲覧）
⑷ 3331の名称は祭りでの「一本締め」のリズムに由来する。

参考文献
アサダワタル, 2012,『住み開き—家から始めるコミュニティ』筑摩書房.
馬場正尊・Open A編著, 2016,『エリアリノベーション　変化の構造とローカライズ』学芸出版社.
Chin, Hung-Hao, 2017, 'Dadaocheng Rebooted'. Taiwan Today.（2017年5月1日）
片倉佳史, 2014,「台湾文化の発源地・大稲埕を訪ねる その2」『交流』882: 10-20.
キーナー ヨハネス, 2014,「インナーシティにおける歴史的建造物の再利用とジェントリフィケーション：大阪市中崎界隈を事例に」『日本地理学会発表要旨集』(100049).
金善美, 2013,「現代アートプロジェクトと東京「下町」のコミュニティ —ジェントリフィケーションか、地域文化の多元化か—」『日本都市社会学会年報』30:43-58.
九州工業大学 徳田光弘 + 一般社団法人リノベーションまちづくりセンター, 2014,『2013年度リノベーションスクール年次報告書』.
水内俊雄・コルナトゥスキ ヒェラルド・キーナー ヨハネス共編, 2015,『都市大阪の地場——変貌するまちの今を読み解く（OMUPブックレットNo.54）』大阪公立大学共同出版会.
名古屋大学人文学部・大学院人間文化研究科, 2017,『名古屋駅西におけるリノベーションまちづくりの可能性：「現代の家守」と持続可能な都市と地域社会を考える：報告集』.
野原卓, 2007,「精度の高い小さな空間再生が、都市を大きく動かす」東京大学cSUR-SSD研究会『世界のSSD100 ——都市持続再生のツボ』彰国社：90-91.
一般社団法人リノベーションまちづくりセンター, 2013,『リノベーションスクールリポート01-04』.
嶋田洋平, 2015,『ほしい暮らしは自分でつくる　ぼくらのリノベーションまちづくり』日経BP社.
清水義次, 2014,『リノベーションまちづくり　不動産事業でまちを再生する方法』学芸出版社.
下村恭広, 2017,「新しい商業地における老朽建造物の審美化」『年報社会学論集』30: 27-38.
下村恭広, 2018,「スモールビジネスによるリノベーション」『地域社会学会会報』207: 5-10.
田中志敬, 2018,「シンポジウム印象記2 薄氷に立つ都市の共同性」『地域社会学会会報』209: 22-23.

東京大学 cSUR-SSD 研究会 , 2007,『世界の SSD100―都市持続再生のツボ』彰国社 .

築山秀夫・矢部拓也 , 2016,「地方都市におけるリノベーションまちづくりの展開：長野市善光寺門前を事例として」『長野県短期大学紀要』71: 57-70.

山本薫子 , 2013,「都市インナーエリアにおけるアートプロジェクトの展開と地域社会への関与：横浜市を事例に」地域社会学会第38回大会自由報告部会報告資料 .

山本薫子 , 2018a,「カナダ・バンクーバーの都市インナーエリアにおける生活困窮者支援と地域経済活性」(文部科学省科学研究費2015年度〜2017年度 基盤研究 (C) 補助金「現代都市下層地域の福祉化にともなう社会的包摂・社会的排除」報告書) .

山本薫子 , 2018b,「シンポジウム報告1 都市における共同性の構築・再構築をめぐる可能性と課題」『地域社会学会会報』209: 12-15.

吉野英岐 , 2018,「地域社会における共同性の再構築をめぐって」『地域社会学会年報』30: 5-14.

◆特集　都市における共同性の再構築

大都市都心の超高層住宅における共同性

饗 庭 伸

1.　本稿の目的

　大都市都心の超高層住宅に住む人々はどのようにコミュニティを形成し、そこでどのような共同行為が可能なのだろうか、報告者が東京都中央区晴海地区で取り組んでいる「まちづくり」の中で見えてきたその可能性を報告する。

2.　超高層住宅と東京都心の人口変化

　まず、東京の人口の動向について概観しておこう。

　戦前、戦後を通じて東京には人口が集中し続けてきたが、その内部において都心部から人口が郊外に向けて流出していくドーナツ現象が起きた。晴海地区が立地する中央区を見ると1953年の17万2千人をピークとして1997年の7万2千人まで人口が減少している。しかしその後人口はV字カーブを描くように増加し、2018年時点の人口は16万人まで回復した。つまり東京都心の人口は約40年かけて減少し、20年かけて元に戻ったのである。これがいわゆる「都心回帰現象」である。バブル経済崩壊後の都市開発が冷え込んだ時期を経て、再び都市開発に活気が戻ってきたのが1990年代の後半である。バブル経済期の異常なまでの地価高騰のもとでは、都市開発の主流は床あたりの単価が高いオフィスや商業空間の開発であったが、地価が下落し、単価が安い住宅が都市開発の主要な選択肢の一つとなったこと、そしてそのころに1960年代、70年代ごろに開発された建物が更新の時期を迎えたこと、俗にタワーマンションとよばれる超高層住宅が開発の方法として確立されたこと、産業構造の転換にともなう工場跡地や、鉄道等の民営化にともなう大規模土地の放出などにより大規模な住宅地開発が進んだことなどが「都心回帰現象」の主因としてあげられるだろう。なお、都心回帰現象は大都市に限った現象であり、地方の中小都市では1998年の中心市街地活性化法などの政策的な手立てが投入されているにも関わらず、延々と都心の空洞化が進んでいる。

　図1は東京都、および区部、市部の年齢別人口構成の変化を、1995年から2015年までの国勢調査のデータを用いて生年コーホートの手法で示したものである。図1によると、東京都の人口増加は明らかに2015年時点で40歳以下の世代の増加であり、その世代の増加は市部よりは区部が牽引してきたことがわかる。

　人口の変化の様相は自治体によって異なる。中央区に絞って同様のデータを図2に見る

◆特集　都市における共同性の再構築

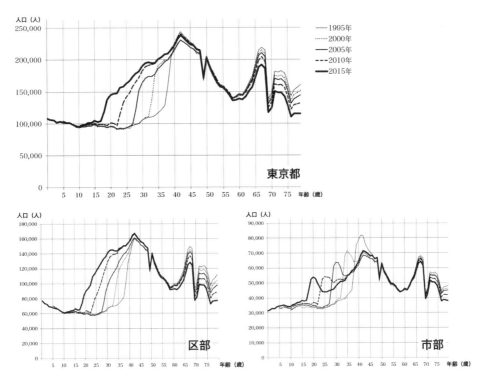

図1　1995年から2015年の東京都の人口の変化（国勢調査より筆者作成）

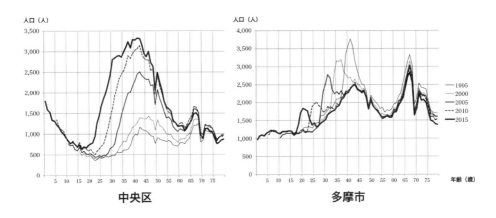

図2　1995年から2015年の東京都中央区および多摩市の人口の変化（国勢調査より筆者作成）

と、中央区ではこの20年で2018年時点の30代から40代の世代が圧倒的に増加したことがわかる。例えば郊外の多摩市と比べると、多摩市は学生人口の一時的な流出入こそあれ、それを除くとこの20年間では全年代で人口がほぼ横ばいであるが、中央区では30代から40代の世代が圧倒的に増加していることがわかる。しかし、同じ数の人口が戻ったからといって、1953年の人口と2018年の人口の質がはっきりと異なることは意識しなくてはならない。かつての都心人口は商店や工場の労働者であり、例えば商店の上階に設えられた6畳一間に地方都市から出てきた単身の見習いが集団生活を送る、というものであったと想像されるが、

2018年の人口はおよそホワイトカラーの高所得層であり、ファミリー層も少なくない。これは東京で仕事についている世帯が、結婚や子供の誕生などで住宅を取得しようとした時に新たに都心の不動産を購入しているだけのことであり、要するに、1960-90年代の郊外化を推進したような層が都心回帰を牽引しているのである。

これらの人口が入居している空間を見てみよう。超高層住宅が都心回帰を牽引したことは間違いないだろう。一つのフロアに10戸が入居しているとして、40階建ての超高層住宅には400戸、世帯人員が2-3人だとすると人口にして1000人程度が暮らしている。住宅の建物の共有部に入る時に鍵のかかったゲートがあり、共有部から住戸に入る時にも鍵のかかった扉がある。いわゆるゲーテッド・コミュニティであり、住宅の内部と外部との間に断絶があるだけでなく、住戸同士の独立性も高いという空間的な特徴を持つ。しかし、そうしたデメリットを補うようにして、パーティルームやプールといった豊かな共用部が提供されることも多く、必ずしも住民がいたずらに孤立するような空間構成を持っているわけではない。つまり、東京都心では新しい課題と可能性の双方を秘めた新しい30代、40代の地域社会が急速に形成されつつある状況であると考えられる。

3. 都心回帰を整えた都市計画

こういった都心回帰はどのような都市計画によって生み出されたのだろうか。我が国の近代都市計画は19世紀の終わりに誕生し都市空間の骨格を作り上げてきた。具体的には1888年の「東京市区改正条例」が我が国の近代都市計画の初めての法であり、1919年に制定された都市計画法が体系的な都市計画を確立した。しかし法に基づく都市計画では一律的な規制や計画に基づく大雑把な空間しかつくることができないので、1968年に定められた新都市計画法と歩みを同じくして、1960年代から詳細な都市計画を実現する仕組みが導入されていく。しかし、すべてのエリアにおいて詳細な都市計画を立案し、実現に移すのは難しかったため、詳細な都市計画は都市の中に「特別な区域」、つまり特区を設け、そこで実践に移されることになる[1]。

1961年には条件が整えば特定の地区において一律的な規制を緩和する「特定街区制度」がスタートし、1970年に創設された「総合設計制度」、1975年に創設された「高度利用地区制度」、1988年に創設された「再開発地区計画制度：(2002年に「再開発等促進区を定める地区計画」へと改正)、2002年に創設された「都市再生特別地区」と特区的な手法が充実していく。これらは戦後に急成長した民間ディベロッパーが作り出していった開発のための仕組み、空間の高度利用を支える技術力などを根拠とするものである。なお、東京都では都市再生特別地区を除く4つの制度を「都市開発諸制度」と総称し、「新しい都市づくりのための都市開発諸制度活用方針」を定めて運用している。

一方で1970年代の初頭には市民が都市計画に参加する「まちづくり」がスタートする。こちらは同じく戦後に急成長した市民社会が作り出していった制度を根拠とするものである。1969年の自治省のコミュニティレポートをきっかけに展開されたコミュニティ向けの政策とも連動し、地区ごとにそこを代表するまちづくりのための組織を組成し、その組織を

◆特集　都市における共同性の再構築

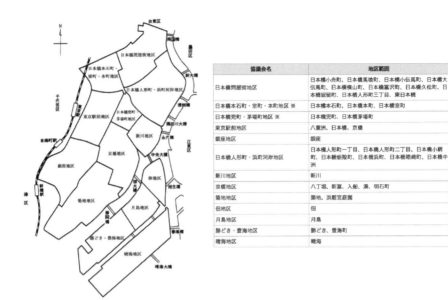

図3　東京都中央区のまちづくり協議会（中央区ウェブサイトより抜粋）
http://www.city.chuo.lg.jp/kankyo/keikaku/machidukuriyogikai/matidukurikyougikai.html

政府のパートナーとして、組織が提案した詳細な都市計画を実現していくというものである。例えば神戸市や世田谷区などで組み立てられた「まちづくり協議会」を中心とした都市計画、まちづくりの仕組みがこれにあたる。片やディベロッパーを政府のパートナーとする方法、片やコミュニティを政府のパートナーとする方法は正反対の方向を向いているように見えて、政府と協働して機能を補い合いながら都市計画を進めていくという点で共通しており、兄弟のような関係にある。

　この兄弟を組み合わせて、東京の特別区は特区制度による都市開発行政の仕組みをそれぞれ固有に発達させてきた。その中でも中央区は徹底した地元重視型の仕組みをとっており、地域組織と区行政が密接な関係を形成し、民間ディベロッパーと協力しながら都市開発行政を行ってきた[2]。中央区の町会や自治会は祭礼によっても結び付けられたものも多く、相対的に強い紐帯を持つ。図3に示すように、町会・自治会の上に傘のように「まちづくり協議会」という組織が設立され、区とまちづくり協議会が密接に調整しながら都市開発を進めている。中央区は短期間で大変貌をとげたが、政府が土地収用を繰り返したわけでも、民間ディベロッパーが徹底的な地上げを行なったわけでもない。区行政とまちづくり協議会と民間ディベロッパーが「都市開発コミュニティ」を形成して都市開発を推進してきたのである。

　この都市開発コミュニティで合意された事柄が特区となり、詳細な都市計画が推進されていく。地域の状況や開発の方法によって、どの特区制度を用いるかは異なってくるが、基本的には「公共貢献」と呼ばれる公共的な貢献を開発の中で生み出すことができれば、それに相応の開発権を与える、という組み立てでこれらの特区は計画されている。開発権はその場所にどれほどの大きさの建物を建ててよいか、というものであり、「容積率」と呼ばれる土地の面積に対する建築物の床面積の割合を示す数値による規制が中心となる。簡単に例えるならば、ある土地に400%の容積率が指定されていたとして、そこに開発するディベロッパー

表1　晴海地区の集合住宅

集合住宅名	住所	分譲・賃貸	住戸数	居住開始年	開発業者	住民数(H29.8.1)	付帯施設	セキュリティ
A	1丁目	賃貸	314	H13.7	UR	4,089	集会室	オートロック
B	1丁目	賃貸	190	H13.5	UR			オートロック
C	1丁目	賃貸	225	H8.12	UR		集会室、店舗	オートロック
D	1丁目	賃貸	290	H9.3, H12.8	UR		集会室	オートロック
E	1丁目	賃貸	146	H9	UR			オートロック
F	1丁目	分譲	624	H9.12	UR		集会室	オートロック
G	2丁目	賃貸	234	S58				無し
H	2丁目	分譲	883	H25.10	民間	4,248	フィットネス、キッチン＆パーティースタジオ、ゲストルーム、ラウンジ、スカイラウンジ、ライブラリー、キッズルーム、バーラウンジ、コンビニ	オートロック
I	2丁目	分譲	861	H28.4	民間		フィットネス、パーティールーム、ゲストルーム、ラウンジ、スカイラウンジ、ミーティングルーム、ライブラリー、キッズルーム、バーラウンジ、コンビニ	オートロック
J	3丁目	賃貸・分譲	736	H21.12	UR	3,300	集会室、保育所、店舗(コンビニエンスストア・クリーニング店)	オートロック
K	3丁目	分譲	352	H27.12	民間			オートロック
L	3丁目	分譲	1666	H27.9	民間		フィットネス、パーティールーム、ゲストルーム、ラウンジ、スカイラウンジ、ライブラリー、キッズルーム、グランドロビー、スーパー、歯科医院、スカイデッキ	オートロック
M	3丁目	分譲						オートロック
N	3丁目	賃貸・分譲						オートロック
O	3丁目	賃貸	17	S42.1	区営			無し
P	4丁目	賃貸	90	S44.1	UR	98	集会所	無し
Q	5丁目	分譲	378	H21.3	民間	1,687	エントランスラウンジ	オートロック
R	5丁目	分譲	438	H21.8	民間		ライブラリー、リビングラウンジ、カフェ、キッズルーム、ライトガーデン、ゲストルーム、コミュニティルーム、スカイラウンジ、スカイデッキ、スカイガーデン	オートロック

が、地域のための保育園を建設し、運営するならば、そのボーナスとしてさらに100％の容積率を割り増しする、という組み立てである。この場合の「公共貢献」は保育園であり、ディベロッパーは100％の割り増し分で得られる収益の一部を公共貢献にあてることで釣り合いをとる。中央区のような都市開発のポテンシャルが高い地域において、この方法は行政が財政支出することなしに、公共施設を手に入れることができる「打ち出の小槌」であり、中央区と地区住民はどういった公共貢献であれば開発権を与えることができるかを合意し、民間ディベロッパーが開発権を得て公共貢献を実現する、という形で都市空間を整備していった。

　公共貢献のメニューは、かつては「広場」や「緑地」といったものであったが、より精緻化したメニューが準備されており、それは日々書き換えられている。そして中央区のメニューに長らく書き込まれていたのが「住宅の建設」である。1953年以来続いたドーナツ現象の中、いかに人口を回復させるかが中央区の積年の重要課題であった。この「人口の回復」という至上命題をうけて、住宅を開発すれば容積率を緩和するというメニューが準備されていた。超高層住宅はこういった制度の誘導を受けて作られたものであり、わずか２０年で人口回復が実現したところを見ると、大成功だったと言えるだろう。

　のちに触れる、中央区の晴海地区の集合住宅の建設状況を表1に示しておこう。晴海地区に戸建て住戸は1戸のみであり、人口のほぼ全てが集合住宅に居住しており、90年代後半より開発された集合住宅が人口増加を牽引していることがわかる。

4.　ポスト住宅開発

　本稿の冒頭でも示した通り、人口が過去のピークだった1953年の水準に達したことが大きな契機となって、中央区では人口回復を旗印とした都市開発行政が転換期を迎えた。2018年3月に区は住宅による容積率緩和措置を一部の地域において廃止するという方針を明らか

にし、「ポスト住宅開発」ともよべる時期に入りつつある。このことを報じた新聞記事（朝日新聞2018年3月6日）を引用しておこう。

　　"住宅の容積率緩和廃止へ　中央区、四半世紀ぶり

　　　人口増が続く中央区は、1993年から続けてきたマンションなどの住宅建設における容積率の緩和制度を、四半世紀ぶりに廃止する方針を固めた。採算性が下がり、新規のマンション建設などに影響を与える可能性がある。(中略)

　　　中央区は銀座や日本橋など繁華街を多く抱え、90年代に人口流出が進んだ。定住人口を増やすため、一定の条件を満たせば最大で1.4倍まで容積率の緩和を認める政策を進めてきた。だが、近年はマンションの建設ラッシュなどを背景に人口の流入が続き、昨年1月には55年ぶりに15万人を突破。小学校や交通インフラの整備などが追いつかず、人口の流入抑制に転じることになった。"

　このことは、ここから先は建設をする「まちづくり」ではなく、建設後の建物を持続的に維持管理し、そこで生み出されるコミュニティを育てていく「エリアマネジメント」が一層重要になっていく、ということを意味している[3]。エリアマネジメントという言葉は2000年代の都市開発ブームの中で「まちづくり」と入れ替わりでよく使われるようになった言葉である。三菱地所が中心となって推進する東京駅前の丸の内地区が著名な先例の一つであり、後述する晴海地区の晴海アイランドトリトンスクエア（以下「トリトンスクエア」）も先例の一つである。開発だけでなく、開発後も「まち」の価値が下がらないように維持管理を行ったり、エリアの魅力を向上する様々なイベントを行えるよう、開発時から計画をしておく、という考え方である。具体的には開発収益の一部をエリアマネジメントに廻していくというお金の流れをつくり、その業務を一括して請け負うエリアマネジメント組織が設立される。

5.　晴海地区のまちづくり

5.1　まちづくりの背景

　こうした状況に規定されて「晴海地区のまちづくり」がスタートしている。晴海地区は1931年に埋め立てによって作られた人工島である。1957年には日本住宅公団の晴海団地が開発され、他に展示場やセメント工場、自動車学校など大規模な施設が多く立地していた。そしてこの地区の再開発は、2001年に完成したトリトンスクエアから始まる。トリトンスクエアは晴海団地を巻き込んだ大規模再開発であり、3棟の超高層のオフィスビルと、複数棟にわかれた1789戸の住宅開発で構成されている。なお、我が国の市街地再開発法に基づく市街地再開発事業は地権者の組合を設立して進められるが、トリトンスクエアの開発も同様に進められた。従前の地権者が従前の所有と相応の床を再開発後の空間の中に所有することが出来るため、晴海団地の分譲部分の地権者は再開発事業の中で主導的な役割を果たし、開発後の集合住宅にそのまま居住している。こうした方法をとることが、中央区の地元重視

型の開発手法であり、もちろん権利を売却して転出する地権者もいるものの、晴海地区の町会を中心とした人間関係がそのまま継続されていることは重要な点である。

　トリトンスクエアの開発を皮切りとして、地区全体の開発構想が立案され、超高層のタワーが林立する地区へと姿を変えつつある。1995年には3250人だった人口が、2000年には4511人、2005年には5562人、2010年には7561人、2015年には9584人と、20年間で約3倍となった。また、開発余地が多く残されており、さらなる開発も予定されている。その一つが2020年の東京オリンピック・パラリンピックの選手村の建設であり、大会後は分譲住宅として売却されることになっている。戸数は約5000戸が予定されており、単純計算で大会後に更に約12,000人の人口が増加する計画である。

　こうした状況の中、地区全体のエリアマネジメントをどのように組み立てていこうかと、エリアマネジメントを担う会社である晴海コーポレーションより筆者のところに相談があったのが2015年のことであった。トリトンスクエアの開発あわせて設立された晴海コーポレーションはトリトンスクエアの開発エリア内のマネジメント組織であって、マネジメントの対象は地区全体の一部分でしかない。それぞれの超高層住宅には管理組合が設立され、それぞれが連合町会に加入している。しかし、新旧の住民を横断して地区全体を考える場も、考える主体も、維持管理する主体も連合町会だけでは難しい。開発時に区と地域住民、ディベロッパーで形成された都市開発コミュニティをどのように正統に継承し、発展させていけるのだろうか、という相談である。

5.2　2016年のワークショップ

　こうした問題意識を受けて、2016年には大学の学生、専門家、地域住民に広くよびかけた7回のワークショップを開催した。晴海地区の未来を考えようと銘打たれたワークショップは、地区で将来的に実現したいプロジェクトの提案を目的としたものであったが、同時にそれは新旧住民の中からどのような場や主体が形成されうるかを見極める場でもあった。ワークショップの会場は、晴海トリトンスクエア内の公開空地であり、国内でも珍しい屋根のある巨大なオープンスペースである（写真1）。全住戸にチラシを配布して集まった参加者の中には、30歳〜40歳代の若い住民も多くいた。若い住民の中には、新規に超高層住宅に引っ越してきたような、地区の住民となって数年しか経たないような住民がいる一方で、初

写真1　2016年のワークショップの様子（筆者撮影）

期からの晴海地区の住民の2世、すなわち両親が晴海団地に居住しており、再開発後にも居住を続けている世帯の2世も参加した。都心の居住地域であり、職住が近接していることもあり、平日の夜間でもこうした会合に参加できる住民が多くいたことも特徴であろう。また、晴海地区の開発を進めてきたディベロッパーやUR都市再生機構の連絡調整組織である「晴海をよくする会」の会員も参加した。彼らはディベロッパーの社員であり、ワークショップの事務局や補佐という立場で参加したが、参加住民との世代が近いこともあり、ややフラットな人間関係をそこで作り上げていた。

結果的にコアメンバーとでもよぶべき住民が集まり、彼らが中心となって「晴海おもてなし実行委員会（以下「実行委員会」）」が設立されることになった。ワークショップの成果はタブロイド判のフリーペーパーにまとめられ、地区内の各所で配布された。フリーペーパーに掲載された地区で将来的に実現したいプロジェクトの提案を図4に示す。

5.3　2017年の「ブラはるみ」

2016年には図4に示すとおりの多くのアイデアが提案されたが、実行委員会ではその一つひとつの実行可能性を検討した。その全てを実行に移すことは人員体制からみても難しいことは明らかだったが、将来的に地区全体のエリアマネジメントが必要であること、そのためにより充実した人的体制が必要であることは共有され、現在の人員体制で可能な「スモールイベント」を重ねていくことによって、実行委員会の人的体制を充実させていく、という方針がそこで確認された。

この方針に基づく実行委員会の最初の事業は2017年11月に開催された「ブラはるみ」という町歩きイベントと、地区に居住している外国人が地区の未来について考えるワークショップである。「ブラはるみ」は、地区内外の住民37名の参加を得て開催された。町歩きのルートは実行委員会のメンバーが選定し、訪問先との調整も実行委員会が行なった。ルートはかつての公団住宅「晴海団地」の遺構から始まり、高層マンションや建設中の環状2号線（築地市場と豊洲新市場を結ぶ道路である）を巡り、東京鰹節センターと住吉神社分社を巡るというものであり、地区の歴史を学習するというものであった。小さなイベントであったが参加者の満足度は高かったこと、そして参加者から新たに実行委員会への参加者が出てきたことから、最初のスモールイベントは成功裏に終わった。また、「ブラはるみ」の記録は2016年と同様にタブロイド判のフリーペーパーにまとめられ、地区内の各所で配布された。

5.4　2018年の住吉神社例大祭

2018年は、8月に3年に一度の住吉神社例大祭の開催が予定されていた。住吉神社は隣接する佃島に建立された神社であり、晴海地区も氏子区域の一つであった。大祭は町会ごとにお神輿を出し、氏子区域内を練り歩くというものである。実行委員会の主要メンバーと、祭の運営組織のメンバーの一部が重複していたこともあり、お神輿の担ぎ手を募集して新規住民の祭とのつながりをつくること、祭の取材を行って記録をフリーペーパーにまとめて発行することを実行委員会の2018年の事業とした。

例大祭は8月3日から6日にかけて行われた。晴海トリトンスクエアの前に晴海

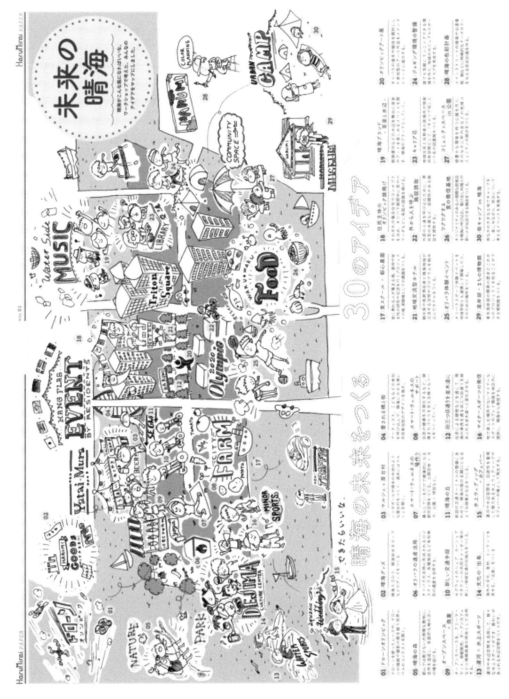

図4 2016年のワークショップの成果 (Harumirai paper vol.1 より抜粋)

◆特集　都市における共同性の再構築

図5　例大祭の記録（Harumirai paper vol.3 より抜粋）

写真2　住吉神社例大祭の様子（筆者撮影）

連合町会のお神酒所・御仮屋が建ち、そこを起点に氏子区域をお神輿が練り歩いた。超高層住宅が林立する中をお神輿が移動し、それぞれの超高層住宅の足元で、超高層住宅の自治会によってお神輿の担ぎ手に食事が振舞われるという、新しい風景がそこに生まれていた。

例大祭の記録は2016年、2017年と同様にタブロイド判のフリーペーパーにまとめられ、地区内の各所で配布された。

6.　新しい共同性

まだ始まって3年しか経っていない大都市都心のまちづくりであるが、その中から見えてきた、「新しい共同性」の芽を、郊外住宅地とも比較しながら考察して本稿を閉じたい。

まちづくり協議会を中心とした都市開発コミュニティから、エリアマネジメントへの移行は、実行委員会に連合町会の若手メンバーが重複して参加していることもあり、今のところ

正統に進んでいる。既述の通り、実行委員会には超高層住宅に住み始めたばかりの住民と古くからの住民が参加しているが、両者とも同年代であり、そこには特別な格差、断絶は存在しない。振り返ってみると、古くからの住民とて戦後の晴海団地の住民であり、彼らはどちらかというとかつて郊外化を推進した住民と同質である。つまり郊外的なコミュニティに同じような質の若い世代がさらに流入してきた、という理解が正確であり、そこに格差はなく、正統にコミュニティが移行していくということではないだろうか。

その新しいコミュニティのメンバーはどのような特徴を持っているだろうか。郊外の住民は定住を志向していたが、都心の住民は異なる流動性を持っているかもしれない。また、彼らの多くが職住近接であり、郊外住民と異なる生活時間を持っている。こうしたメンバーの差異がどのように影響するのか、慎重に見極める必要があるだろう。

コミュニティの共同性の根拠となるのは、お祭り、イベントなどのいわゆる「ハレ」の体験と、掃除や見廻りなどの「ケ」の体験に二分される。実行委員会はハレの体験を根拠としたつながりであるし、伝統的な習慣と超高層住宅の空間が溶け合った例大祭のハレの風景は、そこに新しい関係が生まれていることを予感させるものであった。そしてハレの体験だけでなく、やがては超高層住宅の維持管理という「ケ」の問題に向き合うことになるかもしれない。現時点でそれぞれの超高層住宅の維持管理は外部の民間企業に委託されているが、そこだけでは処理しきれない問題がどのよう起こってくるか見守る必要がある。郊外の戸建て住宅団地と比較すると、多くの戸建て住宅団地には共有財産がほとんどないため管理組合が結成されることがなく、その点において超高層住宅と対照的である。やや逆説的であるが、区分所有された超高層住宅は、全住民が「ケ」の体験に否応無しに巻き込まれるという点において、戸建て住宅団地よりも「共同性」が強く発現されるかもしれない。

以上、本稿では東京の都心回帰、それを支えた都市計画を解説したうえで、筆者が関わっている晴海地区のまちづくりの経験を述べ、そこでどのような共同性が発現されるのか、考察を行なった。

謝辞：本研究の一部は科学研究費（基盤Ｂ）「東アジア大都市における新自由主義型都市計画制度の成果と形成過程」（研究代表者饗庭伸）の成果である。

注
(1)　東京都の都市計画における特区については、拙著（2015）に詳しい。
(2)　東京都中央区の都市開発の仕組みについては川崎（2009）に詳しい。
(3)　エリアマネジメントについては小林（2018）に詳しい。また、2016 年には全国のエリアマネジメント組織の連絡組織である「全国エリアマネジメントネットワーク」が設立され、2018 年 8 月 23 日現在で 147 名・団体の会員が参加している。

参考文献
饗庭伸編著，2015,『東京の制度地層』公人社
川崎興太，2015,『ローカルルールによる都市再生——東京都中央区のまちづくりの展開と諸相』鹿島出版会
小林重敬編著，2018『まちの価値を高めるエリアマネジメント』学芸出版社

◆特集　都市における共同性の再構築

東京郊外における共同性の再構築
——日野市を事例に——

熊本博之

1.　はじめに

　郊外は、地域社会のつながりが減退した1960年代、つながりを回復するための方策として経済企画庁国民生活審議会が『コミュニティ—生活の場における人間性の回復』(1969)を発表したときも、少子高齢化問題が顕在化すると同時にグローバル化や情報化も進展していった1990年代から現在にかけて、コミュニティが果たし得る役割の再評価がなされたときにも、常に解決すべき課題を背負った場所としてあった。60年代には、他地域から流入してきた新住民と元々すんでいた旧住民との融合問題を抱えた場所として、90年代以降は60年代に大挙して流入した新住民が一斉に高齢化したことに伴う、極端な少子高齢化問題を抱えた場所として。

　本稿は、地域社会学会第43回大会シンポジウム「都市における共同性の構築・再構築をめぐる可能性と課題」にシンポジストとして登壇した、日野市地域協働課の熊澤修課長による報告「東京郊外における共同性の再構築」を元に、同氏の紹介者である筆者が、日野市が進めているコミュニティ政策を分析し、その「可能性と課題」について考察したものである。

　日野市は、東京都のほぼ中心に位置している人口約18万人の郊外都市である。その日野市では、2013年4月より始まる大坪冬彦市政が掲げる市政ビジョン「人とまちの諸力融合が『可能性に満ちた未来』を拓く」に基づき、新しい地域コミュニティの仕組みづくりに着手した。その担当課が地域協働課であり、課長として改革を進めてきたのが報告者の熊澤氏である。

　シンポジウムで日野市のコミュニティ政策の事例報告を取り上げた理由は、今も人口の社会増が進む地域である日野市は、少子高齢化問題と新旧住民の融合という、コミュニティを巡る新旧の問題を同時に抱えている自治体であり、かつその政策が一定の成功を見ているからである。「共同性の再構築」という2016–7年度の研究課題を考察する上で、日野市の取り組みは大いに参考になるだろう。

　実際、シンポジウムでの報告の中心は、2014年度より始まる地域コミュニティの再構築に向けて3カ年計画で進められた改革の内容と成果に関するものであり、そこで報告されていたのは、改革の結果、地域住民を中心とする人たちの新たなつながりが構築され、地域が抱えている課題の解決に向けた活動がなされたという「成功事例」であった。討論者および

◆特集　都市における共同性の再構築

フロアからも、成功の理由についての質問が多く出されたし、熊澤氏も実例に則しながら応答していた。だが、それは当然のことながら実践者としての返答であり、経験的な応答でしかない。

　ゆえにこの論文で行うべきは、なぜ日野市のコミュニティ政策は成功しえたのか、これまで地域社会学ないし都市社会学が蓄積してきた研究成果に基づきながら分析することであろう。そうすることで日野市の実践を通して得られた知見を共有可能なものにしていくことは、本学会にとっても、そして日野市にとっても意義のあることだと言える。

　以下、本稿の展開について記しておく。次章では、日野市の歴史的な経緯と現状について触れた上で、日野市の地域コミュニティ政策の具体的な改革の内容とその成果について、当日の報告資料および後日おこなった筆者による熊澤への聞き取り調査に基づきながら紹介する。続く3章では、地域社会学や都市社会学の分野で蓄積されてきた、町内会や自治会を中心とする地域集団研究の成果に基づきながら、日野市の地域コミュニティ政策を分析する。そして4章で、日野市の事例から見えてきた、東京郊外における共同性の構築・再構築の可能性と残された課題について考察し、結論とする。

2.　日野市の地域コミュニティ政策

2.1　日野市の歴史

　戦後の経済復興に伴い、東京都には多くの労働者が押し寄せてきた。国勢調査のデータをみると、東京都の人口は、1950年には6,277,500人であったが、1955年には8,037,084人、1960年には9,683,802人と、10年で約1.5倍となり、5年ごとに約170万人ずつ増えていくような状況にあった。

　この急激な人口増加により、都内では深刻な住宅不足、住居費の高騰などの問題が発生する。そしてその解決策として、多摩地域における住宅地の建設が進められていくことになる。この状況を発展の契機とみた日野町（日野市の前身）は、人口の獲得に向けて政府に働きかける。その結果、1955年には首都建設法（1950年制定）にもとづいて建設省と東京都の両者によって計画された衛星都市に指定され、1958年には日本住宅公団による第一期事業の1つであり、最終的な総戸数が2,792戸という大規模団地である多摩平団地が豊田地区に建設されるなど、都心のベッドタウンとしての性格を強めていく。そして1959年5月には、首都圏整備法（1956年制定）に基づく「市街地開発区域」に日野町全域が指定されたことで小中学校の建設費用の助成が得られるようになるなど、人口増加にも耐えられるような体制が作り上げられていく。さらに同年6月には「日野町工場誘致奨励に関する条例」および「日野町工場育成奨励に関する条例」が公布施行され、工業化も同時に進められていく（日野市史編さん委員会 1998）。

　こうした変化に伴い、行政の体制も大きく変わっていく。1958年2月1日に七生村と合併して町域を拡張した日野町は、1963年11月3日、市制施行によって日野市となる。人口も1950年には七生村の人口を合わせても24,444人しかいなかったのが、1960年には43,394人、1970年には98,557人にまで増えていく。わずか20年の間に人口が3倍以上になったのである。

なお、その後も人口は増えていき、2014年以降は18万人台をキープしている。日野市地域戦略室が2016年に発表した『日野市人口ビジョン』によれば、2025年までは人口増が続き、その後の人口減も緩やかなものとなることが予測されている。

こうした人口増を支えていたのが農地の住宅地への転用である。都市計画の観点から日野市の市街地形成過程を考察した高橋（2010）によれば、日野市のDID（人口集中地区）人口は、1960年では18,332人であったが、2005年には175,284人と9.6倍に増え、あわせてDID面積も2.2平方キロメートルから24.6平方キロメートルと11.2倍に拡張している。これは市面積の89.3％に及ぶものであり、「農業用水路が網の目のように張り巡らされた低地部の田畑と台地部の樹林地で構成され、豊かな水と緑に覆われた典型的な近郊農村」（高橋 2010: 41）であった戦前の日野町の風景は、一部の地域にしか残っていない。

2.2　日野市の現状

日野市が現在直面している最大の課題は高齢化である。1980年には5.4％だった老年人口割合は、2018年には24.5％にまで上昇している。さらに先述の『人口ビジョン』では、今後も上昇傾向にあることが予測されており、2040年以降は30％を越えると見込まれている。だがこれらの数値は平均値であり、地域ごとにみていくと、その状況は一様ではない。

日野市を地理的に特徴づけているのは、北西部に広がる台地、多摩川と浅川という2つの河川によってつくられた沖積平野（中央部および東部）、そして南部の丘陵地という3つの地形である（図1）。このうち台地と沖積平野では計画的な開発がなされており区画整理も進んでいるが、丘陵地は民間によるスプロール的な開発がなされてしまった結果、虫食い的に住宅地が広がっており、区画整理も不十分である。そのため、住みやすくインフラも整備されている台地や沖積平野では住民の入れ替わりも比較的頻繁になされており、年少人口や生産年齢人口も市の平均より多めなのだが、丘陵地は開発時に入居した人たちがそのまま居住している率が高く、従って高齢化率も高くなっているのだ。日野市は地域区分を8つの中

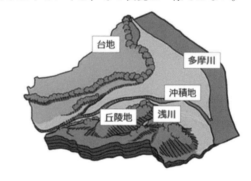

図1　日野市の地理的特徴

図2　日野市中学校区区分図

学校区で行っているが（図2）、日野市都市計画課が作成した『日野市住宅マスタープラン』(2015) によれば、丘陵地に位置する2地区（平山中学校地域・日野第三中学校地域）の高齢化率（34.55％）は他の6地区（21.12％）の約1.6倍に及ぶ（2013年1月現在）。

　このように日野市では、地域によって抱えている課題が異なっており、特に丘陵地における高齢化は、坂の多い地形や公共交通機関の未整備と相まって深刻な状況にある。こうした状況を反映しているのが自治会加入率の高さで、台地や沖積平野に位置する自治会では60％を下回るところがほとんどであるのに対し、丘陵地では80％以上のところが多い。だがその自治会を支えているのは高齢者が中心であり、地域が抱えている多様な課題に自治会のみで対応することは困難だ。日野市の地域コミュニティ政策の改革は、このような状況を改善することを目的として進められていくことになる。

2.3　改革の実際

　改革の対象となったのは、自治会を中心としたコミュニティ政策の在り方である。地域協働課では市内の全自治会を対象としたアンケート調査を2011年に実施しており、自治会長が60代以上という自治会が6割以上であり、役員のなり手不足を運営上の悩みとしてこたえている自治会も5割強にのぼるという、自治会の疲弊状況を把握していた。また地域社会が抱える問題が多様化し、自治会だけに頼る従来のコミュニティ政策には限界が生じてもいた。そのため、自治会の主体性を尊重し、自治会を核としながらも、多様な地域団体も組み込みながら地域課題の解決にあたることのできるような仕組みをつくる必要があったのである。

　具体的な改革は大きく2つである。まず2014年度より始まる「日野市自治会インセンティブ補助金」制度を見ていこう。「応募の手引き」に「地域が自ら課題を解決する力を持ってもらえるよう、これから新たに始める自治会活動の初動を支える」ことが目的であると書かれているように、主体的に新たな事業を起こそうとしている自治会を奨励するために交付される補助金である。総予算額は200万円、一自治会あたりの交付額の上限は10万円に設定されており、補助の対象となる事業は自治会加入の促進、自治会運営の円滑化、地域住民または団体の連携促進、その他地域課題の解決に関するものと定められている。また審査基準の1つに「多様な主体との連携」が掲げられており、他の地域団体との協力が推奨されている点も特徴だといえよう。

　例として2018年度の交付状況を見ていくと、交付自治会数は24であった。日野市の自治会は243団体あるので、ほぼ1割の自治会に交付されたということになる。取り組みの内容は、その多くが夏祭りや収穫祭、餅つきなどのイベントで、防災に向けた炊き出し訓練も加えると、ほとんどが住民どうしの交流促進を目的とした事業である。なかには子ども会、老人クラブ、自主防災会、お囃子愛好会、消防団といった多様な地域団体との連携によって夏祭りを開催している自治会も見られるなど、自治会を越えた連携が生まれている事例もあり、当初の目的は概ね達成できているといえよう。

　もう1つの改革は、行政と自治会長との情報交換の場として8つの中学校区ごとに行われてきた地域懇談会を対象としたものである。熊澤氏曰く「自治会長が市に要望を伝える場」

でしかなかったこの地域懇談会を、自治会だけでなく、地域包括センター、民生児童委員、大学、NPO、消防団、子ども会、PTAなど、地域に関わる多様な団体が集まる場としてリニューアルし、それぞれがフラットな立場で意見交換するという形に変えたのだ。その結果、地域懇談会への参加人数は、リニューアル前の2013年度は159人だったのが、2014年度は687人と急増する。

『日野市コミュニティづくり白書』(2017)には、地域懇談会の改革の理由について、日野市における自治会加入率が平均で50％以下であること、自治会員の高齢化や役員のなり手不足などの悩みが慢性化していること、時代の変化とともに地域には防災・防犯、高齢者の見守り、子どもの貧困など新しい地域課題が生まれており、自治会のみで対応することは難しい状況にあること、一方で地域には様々な団体がそれぞれの分野から地域の課題に取り組んでいること、ゆえに自治会とそれらの団体とがそれぞれ得意なことを持ち寄りながら「ごった煮」となったほうが、新たな地域課題の解決につながるのではないか、と述べられている（32ページ）。つまり、自治会の活動力の低下と、地域課題の多様化・複雑化という問題に直面するなか、自治会以外の団体とも協力しながら課題解決に取り組んでいけるような場を構築する必要性を自覚した日野市が、地域懇談会の変革に取り組んだということである。

また、地域懇談会の運営を主に担っていた地域協働課職員のNによれば、地域懇談会に多様な団体や市民が関わるようになったことで、市は調整役としての役割が強くなっていったという。これは、自治会からの要望を市が受けるという上下の関係から、市民といっしょに問題解決に当たるパートナーの立場へと、日野市の位置づけが変化していったことを意味している。このことも市民の主体性を引き出す上で重要な変化であった。

2.4　アクションプランの実施

さて、中学校区ごとに開催された新・地域懇談会では、参加者が全員で話し合って3カ年計画を立て、最終年度に何らかの「アクションプラン」を実施することが目標として掲げられた。まず初年度（2014年度）は「地域が地域を知る」をテーマに、自分たちが住んでいる地域について調べ、地域が抱えている課題を把握し、次年度の「地域が地域コミュニティ活性化を考える」でアクションプラン実行委員会を立ち上げて課題解決のための具体的な活動について議論し、最終年度にアクションプランを各中学校区で実施するという流れで進められた。そして策定にあたっては「できることを持ち寄る」、「ゆるやかなつながり」、「地域の個性を楽しむ」という3点を意識することで、参加者が無理なく楽しみながら主体的に取り組めるような工夫がなされた。

それでは具体的にどのようなアクションプランが実施されたのか。地域協働課が2018年3月に発行した『地域かわら版』第21号（特集：アクションプラン実施!!）を元に、特徴的な2つの中学校区を取り上げて見てみよう。

①七生中学校地域

七生中学校地域は、日野市の中央部に位置しており、その南端には丘陵地が広がっている。地区内には浅川が流れており、川の北側の地域には農地がみられ、南側は主に住宅地となっている。また戸建住宅に住む世帯の割合が8地区のなかで最も高く、ファミリー層の多

◆特集　都市における共同性の再構築

い地域である。なお高齢化率は市平均と同程度だが、丘陵地では30％を越えている地域もある。

　地域懇談会を通して見えてきたこの地区の課題は、①犯罪件数が他地区に比べて多い、②自治会加入率が低い、③高齢者の引きこもりが多い、というものであり、これらの課題解決のベースとなる「顔の見える関係を創る」ことが解決策として示された。そして、地域に関心を持つ仲間を増やし、いざというときに一致団結できるようにしておくことで、安心して暮らすことのできる地域をつくることが目標となった。

　そうした地域をつくるために実施されたアクションプランは、地域の夏祭り「ななおBONまつり」の開催であった。この地区に「顔の見える関係」があった昭和50年代、地区を代表するイベントとして自治会連合によって実施されていた盆踊り大会を、自治会だけでなく消防団や青少年育成会、市民活動団体など多様な主体が共同で開催する「BONまつり」として復活させることで、「団体と団体」、「団体と個人」、「個人と個人」がつながるきっかけをつくろうとしたのである。

　地元で生まれ育った若い消防団員ほか3名が中心となり、20人の運営委員会が計画を立て、100人を越える人たちが準備や運営に携わった「BONまつり」が開催されたのは2016年10月22日の土曜日であった。まつりの参加者は約800人、出店をだした団体は29、協賛団体は82が集まった。まつりの最後に行われた全員参加の盆踊りでは、中心に設営された櫓のまわりに三重の円ができたという。

　このまつりの成功は、自治会活動にもいい影響をもたらしている。ある自治会では、まつりで出会った人たちの力を借りて初の炊き出し防災訓練が開催され、また別の自治会では、自治会内で初のクリスマスコンサートが開かれた。そしてまつり自体も継続して開催されており、参加者も年々増えている。

②日野第四中学校地域

　日野第四中学校地域は、日野市の西部に位置しており、ほぼ全域が台地にある平坦な地域である。地区内には工場が多く立地しており、また農地も比較的残っている。地区の中心には「旭が丘中央公園」があり、地区のシンボルともなっている。高齢化率は8地区のなかで最も低く、年少人口率は最も高い。人口も増加傾向にあり、集合住宅に住む世帯の割合が比較的高い。

　この地区が抱えている課題は、①集合住宅の住民と戸建住宅の住民との関係の希薄さ、②若い世代や新住民の自治会加入率の低さ、③子育て世代の忙しさと負担感の高さ、であり、課題解決のためには、若い世代と高齢者世代、旧住民と新住民とがつながるきっかけをつくることを目的とする活動が必要であるという共通理解が、地区懇談会での議論を通して得られた。また、仕事や子育てで多忙な住民が多いことから、楽しく気軽に広く関われる取り組みにしなければ継続しづらいという意見に基づき、次のステップにつながる小さな一歩を踏み出すようなアクションプランが目指された。

　そうして実施されたのは「ラジオ体操」であった。共働き世帯も多いなか、夏休み中のラジオ体操の運営は大きな負担となっている。また早朝にラジオを流すことになるため、会場周辺に住む人たちの理解も必要である。そこで地域が主導してラジオ体操を行うことで子育

-48-

て世代の負担を減らしつつ、普段顔を合わせることが少ない新旧住民が顔見知りになるきっかけにしていこうというアイディアに行き着いたのである。しかもラジオ体操は誰でもできるので、参加へのハードルも低いというメリットもあった。

活動は夏休みの最初と最後の1週間、地区内の7つの会場で開催され、もともとラジオ体操を実施していた地域団体を中心に、自治会や老人クラブなどの協力も得ながら行われた。さらに最終日には「8時だよ！全員集合！In 旭が丘中央公園」と題したイベントを実施し、444人の参加者が一堂に会してラジオ体操を行い、さらに「じゃんけん列車」や日野市についてのクイズイベントなどを行うことで、交流を深めた。なおラジオ体操はその後も夏休みごとに続けられている。

3. 分析と考察

このように日野市では、コミュニティ政策の改革を図り、その成果も出始めているように思われる。少なくとも改革前にはあまり見られなかった自治会の主体的な動きや、自治会を越えた枠組みによる住民活動が実現していることは成果と見ていいだろう。ではなぜ日野市においてこのような改革が可能であったのか、都市社会学や地域社会学が蓄積してきたコミュニティ論に基づきながら考察していくことにしよう。

3.1 郊外におけるコミュニティ形成の困難

東京郊外である多摩市におけるコミュニティの有り様について分析した石田光規は、1990年代にはいって地域社会およびコミュニティへの注目が集まった背景には、「経済成長の終焉と財政の逼迫化」と「福祉問題の発生」があるとまとめている（石田 2015: 10-12）。バブル経済の崩壊とそれに続く長い停滞期を経て財政悪化に見舞われた政府は、地方分権改革の名の下、地方自治体へのある程度の権限委譲と引き替えに、地方自治体への交付金の削減を図っていく。そこで地方自治体は、玉野の言葉を借りれば「ようやく獲得しえた権限を活かして、唯一残った援軍であるところの市民・住民の側に目を向け始めた」（玉野 2006: 149）のである。

だが市民・住民の側では、性別役割分業に基づく女性のケア労働に依存してきた日本型福祉社会の脆弱性が、男性の稼得能力の低下と女性の社会進出により顕在化し、家族では福祉を担い切れないという現実に直面していた。しかし財政が逼迫するなか、公的福祉に期待することは難しい。そこで注目が集まったのが、地域社会で福祉を実現する「地域福祉」である。社会福祉事業法が2000年に社会福祉法へと改正されたとき、その第十章に「地域福祉の推進」が組み込まれたことに象徴されるように、地域社会は社会福祉の担い手としての期待をかけられることになる。セーフティーネットとしての地域社会である。

だがその地域社会における住民どうしのつながりは、既に希薄なものとなっていた。いや、特に都市近郊の郊外地域においては、国民生活審議会が1969年に『コミュニティ』を発表したときからずっと、その希薄さは課題となっていた。前掲書において石田は、地域類型的に異なる特徴を持つ多摩市内の5つの地区のコミュニティおよび共同性の現状について

◆特集　都市における共同性の再構築

分析した上で、「ひとたび解体された地域に共同性を構築することの難しさ、都市的生活の地域づくりへの不適合性」（石田 2015: 156）を指摘する。急速に進む高齢化問題に襲われている郊外は、コミュニティの形成においても困難な状況にあるのだ。ほぼ同じ時期に郊外都市として開発された日野市が置かれている状況も、そう大きくは異ならない。このような状況を前提にした上で、日野市の地域コミュニティ政策は分析されなければならないのである。

3.2　町内会・自治会の文化型の維持と行政の位置づけ

　日野市のコミュニティ政策の特徴は、自治会を中核に据えつつ、様々な地域団体と連携しながら「諸力融合」のもと、地域課題の解決にあたることのできるような体制を構築し得た点にある。ここで思い出されるのが、既存の町内会を、ボランタリーな住民や活動集団との交流を通して活性化させることの必要性を検討した越智昇の研究である。

　戦後まもない頃の都市社会学者たちは、名望家支配に基づく前近代的な遺制である町内会は近代化の流れに逆行する存在であり、いずれ衰退するとする「町内会解体論」を展開した（磯村 1953; 奥井 1953; 鈴木 1953）。これに対し近江哲男や中村八郎は、町内会は日本の基本的な集団の型であり、それゆえに存続し続けているのだとする「町内会文化型論」を展開する（近江 1958; 中村 1990）。越智の研究も、この文化型論に位置づけられる。

　越智は、集団の成員が代わっても集団の同一性が維持されていることを集団の自己保存原理だとする G. ジンメルに依拠しながら、町内会という集団の自己保存原理を、町内会をさらに複数の下部組織に区分する「班（組）制度」と、役職担当者を公平に順番に回していく「順番制」、そして町内会館などの「共有財」に求めている（越智 1990: 240-8）。その上で、こうした制度や財を支えているのが、町内会が普遍的に備えている文化である「親睦」と「分担」だとする。

　まず親睦について越智は、町内会予算における親睦行事費用の割合の高さ、親睦行事の財源における村落社会のならわしとしての寄付金制度の残存などを根拠としながら、町内親睦は町内会の文化型の 1 つであり、さらには「権力の及びにくい最も私的な領域の社会関係原理」であるという意味において自治の文化型であったことを指摘している（越智 1990: 248-52）。そして分担については、「他のことをもすることなしには自分のことも満足にはできない」という感覚であり、「他のことをしてはならない」分業とは異なるものとした上で、「地域問題の分業型エキスパートではなくて、分担型の調整的リーダーシップのメンタリティが潜在していること」が、行政や企業とは違う、町内会の文化型であるという（越智 1990: 252-5）。

　一方で越智は、「町内会自身がその自己保存性にあぐらをかいて、自らがその文化型を損なっている傾向がある」（越智 1990: 275）とも指摘している。その上で重要なのは、「親睦」「分担」という文化型の新鮮な活力を再生させることだとし、そのために期待されるのがボランタリー・アクション、ボランタリー・アソシエーションだという。なぜならボランタリー・アクション、アソシエーションは、「理念として常に現実の制約を超える次元に本来の身をおくものであるから、そのネットワーキングはグローバル性をもつのが当然である。町

内会あるいは町内社会で限定的に活動をしていても、常にそれを超える組織性と文化型をもつ」(越智 1990: 264-5) からだ。つまり特定の課題の解決に向けて自発的な取り組みを行っている人たちやその団体が備えている、地域を超える視点が、町内会をリフレッシュするのだという。そして町内会がボランタリー・アクション、アソシエーションを受容する寛容さを持つことで、町内会は、行政からの指示を受け取り住民に伝える縦型の組織構造における中間組織的な存在から、自主サークルや各種委員会、個々の住民も直接行政との関係ルートを保持している横型の組織構造における諸団体のなかの一組織へと体質改善を果たすことができるとし、その体質改善、すなわち町内会の文化変容がなされることで、「本来町内会がもっているはずの「親睦」「分担」という文化型のコミュニティ的再生」(越智 1990: 277) を図ることができると結論づけている。

　この越智の議論を、2008 年に東京都の 3 つの自治体に所属する 917 の全町会長・自治会長を対象に行ったアンケート調査を元に検証した小山弘美は、町内会の自己保存原理とそれを支える文化原理は、ともに変容しながら町内会・自治会の存続に寄与していることが確認できたとした上で、町内会・自治会が内部にある下部組織を、主体性をもった組織として扱うようになることで、外部のボランタリー・アソシエーションとの交差、協力関係をつくることができると指摘する（小山 2011a）。

　こうした越智の研究や、越智を再検討した小山の研究から見えてくるのは、①町内会・自治会が地域社会にとって意味のある組織として存続していくためには、「親睦」と「分担」という文化型を維持していく必要があり、そのためには町内会・自治会が地域で活動するさまざまな団体を受け入れ、ともに協力しながら活動していかなければならないこと、そして②行政と町内会・自治会との関係を縦型から横型にシフトさせ、他の活動団体も含めたフラットな関係性を構築していくことの重要性である。①については町内会・自治会側の変化が求められるが、②については行政が変化しなければ実現は難しいだろう。そして②のような横型のフラットな関係性は、①で示された町内会・自治会と地域活動団体との関係性を構築するための条件となっている。

　ここに、行政が主導するコミュニティ政策が成功するための重要な指針を見いだすことができる。つまり行政が町内会・自治会とだけ直接つながる縦型の関係性から、他の地域活動団体とも等距離の関係性を結ぶようにシフトし、さらに町内会・自治会と地域活動団体とが協力関係を結びやすくなるよう、調整役としての役割を果たすようになることで、地域に関わる組織および個人の全体で「親睦」と「分担」を地域社会に実現する。これがコミュニティ政策の成功の 1 つの形だといえよう。

3.3　町内会・自治会が提供しうる利得の変容

　もう 1 つ指摘しておきたいのは、町内会・自治会が会員である住民に提供できる利得の変容である。ここでも小山による別の研究成果を参照しよう。小山 (2011b) は、J. コールマンによる合理的選択理論に基づいたソーシャル・キャピタル論をベースに、町内会・自治会をソーシャル・キャピタルと捉え、住民個々人の加入は、町内会・自治会が会員に提供できる利得と、会員になることによる負担とを比較考量した上でなされるという理解のも

と、「行政の機能が発達し、生活安全上必要なものは行政によってまかなえるようになってからは、町内会は絶対不可欠なものではなくなり、その面での利得を失っていった」（小山 2011b: 136）ことを指摘する。さらに、生活上の安全を提供するという役割を期待されなくなったことで、町内会・自治会は親睦や自治を担う組織としての存在価値を利得として提供するようになるのだが、個人では解決できない問題が起きても行政を頼りにすればよいという風潮の広まりに加え、近所づきあいを負担と感じる住民も出てくるようになると、親睦も自治も利得とは捉えられづらくなるとした上で、東京郊外の立川市にある自治会への聞き取り調査を元に、自治会には「実感できる利得（の提供）が求められるようになっている」（小山 2011b: 138）という。

　また同じくコールマンのソーシャル・キャピタル論に依拠しながら、新住民がコミュニティ活動に参加するための条件について考察した佐藤嘉倫は、「情けは人のためならず」ということわざが端的に示すような利他的利己主義と、善意の交換が二者間に閉じることなく広がっていく間接互酬性への期待がコミュニティの存在の基盤であるとした上で、「旧住民と移住者が交流し共存できるような寛容なコミュニティを作り上げるためには、（中略）間接互酬性と利他的利己主義を基盤として、移住者がコミュニティの行事に参加したくなる誘因を提供することと移住者と旧住民をつなぐリエゾン役による橋渡し型社会関係資本を構築することが必要である」（佐藤 2017: 18）と主張している。

　これらの研究から見えてくるのは、現代の町内会・自治会は、ただ存在しているだけではその価値が認められにくくなっており、住民の町内会・自治会への加入やコミュニティ活動への参加を実現するためには、「実感できる利得」を誘因として提供していかなければならないということである。ただ「親睦」を訴えるだけでは誘因とはならず、地域のことを「我がこと」と捉える「分担」の意識も生まれないのだ。そして佐藤がリエゾン役による橋渡し型社会関係資本の構築に言及しているところに着目するならば、リエゾンの役目を果たしうる存在として期待されるのは、地域に根ざしつつ、特定の目的に基づいて活動するボランタリー・アソシエーション、すなわち多様な地域活動団体であろう。ここでも町内会・自治会と地域活動団体との協力関係の必要性が支持されているといえよう。

3.4　なぜ日野市のコミュニティ政策はうまくいったのか

　ここまで見てきた先行研究から得られた知見をまとめると、以下のようになる。まず、東京郊外の地域においてコミュニティの形成は困難であるという前提に立つ必要があるということ。そういう状況のもとでコミュニティ形成を実現するためには、町内会・自治会が担ってきた「親睦」と「分担」という文化型を、地域活動団体との協力関係の構築によって地域社会において実現していく必要があること。そのために行政は町内会・自治会に依存したコミュニティ政策から脱却し、協力関係の構築を進めるファシリテーターとしての役割に努めること、そしてコミュニティ活動に多くの住民に参加してもらうためには、参加によってどのような利得があるのか実感できるような価値を提供しなければならないことである。

　では日野市のコミュニティ政策を振り返っていこう。まず自治会へのインセンティブ補助金制度だが、申請した自治会のほとんどが住民どうしの交流促進のためのイベント費用とし

て補助金を活用している。「新たに始める自治会活動の初動を支える」ことを目的とする補助金であることに鑑みれば、この制度は、住民どうしの交流を深めたいという潜在的なニーズを持っていた自治会が「親睦」機能を発揮することを可能にしたと評価することができる。そして多様な主体との連携が推奨されていたことで、自治会と地域活動団体との協力による交流イベントの実施を促進していたことも評価すべき点として指摘できよう。

　続いて地域懇談会改革とアクションプランについて考察していこう。まず行政と自治会長だけで実施されてきた地域懇談会を、自治会と地域活動団体との交流の場へと改革し、行政はファシリテーターとなって両者の関係性の構築を促進していったことは、上述した通りの理想的ともいえる施策だったといえる。そしてこの「ごった煮」となって取り組んだアクションプランは、自治会と地域活動団体とが協力することで何ができるようになるのか、その成果を可視化する場となっていた。

　特に重要なのが、初年度のテーマを「地域が地域を知る」としたことである。この作業を通して自治会の人たちも地域活動団体の人たちも、自分たちが住んでいる地域が抱えている課題を把握し、共有することができた。これによって参加者は、地域課題の解決を「我がこと」と捉えるようになり、それぞれが協力しあいながら主体的に「分担」し、課題解決のための方策を考え、アクションプランとして実行するにいたった。

　そしてアクションプランが「自分たちの課題」を解決するための活動となったことで、参加者は参加することによって得られる利得を実感することができた。玉野和志は、地域社会に存在するさまざまな主体によって地域社会の統治が行われている状態としての地域ガバナンスについて、「（地域ガバナンスの）統合性や正当性を認めるのはそこに住んでいる住民たちである（中略）このことは、地域ガバナンスにあるべき姿や支配的なモデルを設定すべきではないということを意味する」（玉野 2006: 152）と述べている。玉野の言うように、地域ガバナンスの在り方はその地域によって異なる。地域はそれぞれに異なる歴史を持ち、異なる課題を抱えているからだ。そして有効な課題解決の手段も方法も地域によって異なるものである以上、一定の住民参加がなければ、ベストな解決には至らない。だからこそ地域の様々なアクターが関わりながら地域課題解決のために実施されたアクションプランは、参加した人たちに利得を実感させることができたのである。

4. 東京郊外における共同性の構築・再構築の可能性と残された課題

　町村敬志が、2000年代に入るころから再注目され始めたコミュニティ政策の課題は「市民の声を集めるセンターづくりから、異なるエージェントが集う新たなプラットフォームの形成へと変化した」（町村 2017: 34）と指摘しているように、地域社会を構成する人たちや地域社会に関わる主体が多様化した現代日本のコミュニティ政策は、その多様なエージェントが相互に出会い、ともに活動するためのプラットフォームの形成を目指すものにならざるを得ない。これは特に、人口も多く多様性も高い都市部においてより当てはまる。東京郊外に位置する日野市のコミュニティ政策が一定の成果を得ることができたのは、地域懇談会をプラットフォームに作り替えることに成功したことによる部分が大きいといえよう。

◆特集　都市における共同性の再構築

　だが、日野市のような抜本的な改革がすべての地方自治体でできるわけではない。「日野市民のアイデンティティやシティプライドは他の自治体の市民と比べて高いわけではないと思う。そういう地域だからアクションプランのような新しい試みが機能したのではないか。実際、神社があるような地域はアクションプランには消極的で乗ってこなかった」と熊澤が語るように、日野市はどちらかといえば地域への愛着が低い土地柄であったからこそ、自治会の権限もあまり強くなく、改革への抵抗も少なかったため、こうした改革が可能だったという側面もある。

　このことを別の角度から考えてみよう。山田真茂留は、あらゆる集団にはウチとソトがあるがゆえに、「不用意な「われわれ」意識の強調は、意図しないまま無用の「彼ら」意識をどんどん肥大化させてしまう」と、コミュニティやソーシャル・キャピタルを無批判に称揚することについて警鐘をならしている。そして「ホットな連帯と範囲の限定性が目立つ共同性」と「クールな関係と普遍的な包摂を特徴とする公共性」とは地続きの存在ではなく、共同性の延長線上に公共性が見えてくるわけでも、公共性に富んだところでは必ず共同性が実現しているというわけでもないという（山田2017: 51）。

　山田の言うとおり、共同性の強い地域では他者は受容されにくく、普遍的な包摂、つまり公共性は実現しづらい。一方で公共性の実現を強調すれば平等性は確保できるが、固有性が損なわれてしまうため「われわれ意識」、すなわち共同性は生まれにくい。このジレンマへの対処もまた、コミュニティ政策の重要な課題である。この観点から日野市のコミュニティ政策を振り返ってみたときに見えてくるのは、「神社のあるような地域」のように、もともと強い共同性をもっている地域において、多様な主体を包摂するような公共性をいかにして実現していくのかという課題である。やや抽象的に言えば、強い共同性をもつ地域が宿している「熱」をうまく使いながら、温かい公共性を地域に実現していくような施策が求められているといえよう。

　そしてこれは、日野市だけに当てはまる話ではない。再び山田から引用しよう。「今必要なのは、共同性と公共性それぞれに望ましい側面と残念な側面を丹念に見極めながら、この二つが互いに衝突し合うのはどのような場合かを反省的に捉え返すとともに、両者が両立可能で相乗効果を発揮し得る条件を前向きに探っていくことであろう」（山田2017: 52）。開発から半世紀が経ち、かつての新住民が土着しつつある一方で、新たに流入してくる人たちも絶えない東京郊外における共同性の構築・再構築は、共同性と公共性のバランスを常に意識しながら、動的に均衡を保ち続けなければならないのである。

参考文献

日野市史編さん委員会，1998，『日野市史　通史編四　近代（二）・現代』

石田光規，2015，『つながりづくりの隘路―地域社会は再生するのか』勁草書房.

磯村英一，1953，「都市の社会集団」『都市問題』第44巻10号，35-50.

小山弘美，2011a，「町内会・自治会の変容とその可能性」『都市社会研究』第3号，71-88.

小山弘美，2011b，「ソーシャル・キャピタルとしての町内会―個人の行為から町内会を捉える方法」
　　　『日本都市社会学会年報』第29号，127-142.

町村敬志，2017，「コミュニティは地域的基盤を必要とするのか」『学術の動向』第22巻第9号，32-

35.

中村八郎，1990，「文化型としての町内会」倉沢進・秋元律郎編著『町内会と地域集団』ミネルヴァ書房，62-108.

越智昇，1990，「ボランタリー・アソシエーションと町内会の文化変容」倉沢進・秋元律郎編著『町内会と地域集団』ミネルヴァ書房，240-287.

奥井復太郎，1953，「近隣社会の組織化」『都市問題』第44巻10号，23-33.

近江哲男，1958，「都市の地域集団」『社会科学討究』第3巻第1号，181-230.

佐藤嘉倫，2017，「合理的選択理論から見た社会関係資本とコミュニティの関係」『学術の動向』第22巻第9号，13-19.

鈴木栄太郎，1953，「近代化と市民組織」『都市問題』第44巻10号，13-22.

高橋賢一，2010，「都市化とは何だったのか」西城戸誠・黒田暁編著『用水のあるまち―東京都日野市・水の郷づくりのゆくえ』法政大学出版局，47-62.

玉野和志，2006，「90年代以降の分権改革と地域ガバナンス」岩崎信彦・矢澤澄子監修『地域社会の政策とガバナンス』東信堂.

山田真茂留，2017，「社会関係資本の光と陰―まとめ、そしてその先へ」『学術の動向』第22巻第9号，48-52.

◆論文

キャンベラの都市開発の変化
——過去 10 年の変化に着目して——

野 邊 政 雄

1. 緒言

1.1 キャンベラの歴史

　オーストラリア連邦が建国されたのは、1901 年である。首都がなかなか決まらなかったが、寒村に過ぎなかった現在のキャンベラの地が首都となる場所として 1908 年に選定された。1913 年にキャンベラが公式に首都となる場所と公表され、ニュー・サウス・ウェールズ州は土地を割譲し、首都特別地域 (Australian Capital Territory) ができた。その北部に建設されることになった都市がキャンベラである。同年、キャンベラの都市計画の国際コンペが開かれ、ウォルター・バーリー・グリフィンの案が選ばれた。グリフィンの都市計画を生かして初期に建設された中心部では、道路は放射状になっている。こうしたところに、田園都市論がグリフィンの都市計画に影響を及ぼしていることを見ることができる。メルボルンが暫定的な首都になり、官庁や国会はそこにおかれた。1927 年に国会がキャンベラで開催され、キャンベラはオーストラリア連邦の首都となったけれど、官庁はメルボルンにおかれたままであった。1957 年、連邦政府は首都開発委員会を組織し、同委員会がキャンベラの都市計画と都市開発を一元的におこなった。これ以降、都市建設が本格的に進んだ。ハワードの田園都市論、ペリーの近隣住区論、ラドバーン・システムといった、20 世紀のニュータウン建設を支えた理念を適用して、キャンベラを建設していった。1960 年代から 1970 年代前半に、官庁がメルボルンからキャンベラに移転され、人口が急激に増加した。特筆すべきは、人造湖であるバーリー・グリフィン湖が 1964 年に完成したことである。1988 年に新国会議事堂が完成した。ところで、オーストラリアの政治構造は連邦政府、州政府、地方自治体といった 3 層からなっている。ただし、当初、キャンベラには州政府や地方自治体はおかれておらず、連邦政府がキャンベラを直轄していた。1989 年に自治政府である ACT 政府が設立されたが、地方自治体はおかれていない。ACT 政府が州政府と地方自治体両方の機能を果たす（野邊 1996）。

　ACT 政府が成立後、都市計画と都市開発は連邦政府の特殊法人である首都庁 (National Capital Authority) と ACT 政府が担当することになった。首都庁の任務は、キャンベラの開発の原則的な指針である『首都計画』(National Capital Plan) を策定し、キャンベラを首都たる都市に確実にすることである。国会議事堂周辺、バーリー・グリフィン湖周辺、議会の三角地帯、大使館が集まった地域など国家的機能を果たす地域は指定地域 (designated area)

◆論　文

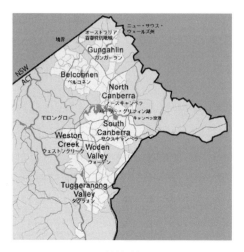

図1　キャンベラ（首都特別地域北部）の地図
出典：mapsof.net.の地図を元に筆者作成
(http://mapsof.net/canberra/city-central-map-of-canberra) 2018年9月25日取得

となっている。首都庁は指定地域の都市計画を担当する。ACT政府は『首都計画』と整合させつつ『地域計画』(Territory Plan)を策定し、住民に快適に暮らすことのできる環境を提供する都市計画と都市開発をおこなう(Norman and Sinclair 2014)。『地域計画』でキャンベラのゾーニングがなされているが、開発を実施するときにACT政府の許可が必要な場合もある。ACT政府は、後述するコミュニティ・カウンセル(community council)の集会などで関係者の意見を聴取し、開発を許可するかどうかを決める。

現在、キャンベラは、タウンと呼ばれる6つの地区から構成されている（図1参照）。キャンベラ・セントラルでは、住民は主に1920年代と1930年代に定住し、1960年代まで定住が続いた。人造湖であるバーリー・グリフィン湖を挟んで、北側がノース・キャンベラ、南側がサウス・キャンベラである。キャンベラ・セントラルに次いで1964年から定住が始まったのがウォーデンであり、ウェストン・クリークとともに1つのタウンを形成する。1966年から定住が始まった3番目のタウンがベルコネンであり、1974年から定住が始まった4番目のタウンがタグラノンである。ガンガーランは1990年代初めから定住が始まった。ガンガーランは開発途上であり、タウンの中心であるタウン・センターがようやく完成した。モロングロは、ベルコネンとウェストン・クリークの間に建設されているタウンである。建設が始まったばかりで、商店や診療所のような生活関連施設はまったくない。首都開発委員会は、中央官庁の配置場所を決定する権限を持っていた。同委員会は、それぞれのタウンのタウン・センターに官庁を配置し、キャンベラを職住接近の都市にしようとした（野邊1996）。

1.2　キャンベラの都市計画の特徴

キャンベラの都市計画は、とても機械的である。サバーブ、近隣グループ、タウンという3つのレベルが設定されており、それぞれのレベルに配置される生活関連施設や行政サービスが決まっている。サバーブは小学校区ほどの広さであり、ペリーの近隣住区論にもとづいて建設されている(Perry 1929)。小学校、幼稚園、近隣公園、日用品を扱う小規模ショッピング・センターであるローカル・センターがサバーブ内に配置されている。サバーブが5つほど集まって近隣グループを構成する。近隣グループ内には、中規模ショッピング・センターであるグループ・センター、ハイスクール、図書館、教会、郵便局がある。近隣グループが5つほど集まって、タウンとなる。大規模ショッピング・センター、官庁や民間企業の事務所、バスの中央発着所のあるタウン・センターや職業学校(Canberra Institute of Technology)がタウンに置かれる。キャンベラ・セントラルのタウン・センターに相当するのがシビックである。タウン内にある生活関連施設や行政サービスを利用すれば、生活をお

くれるようになっている（野邊 1996）。

多くのオーストラリア人は郊外で広い裏庭の付いた一戸建て住宅を購入し[1]、そこで子どもを養育したいと考えている (McDonald 1984)。1960 年代と 1970 年代前半は「ロング・ブーム」と呼ばれる好景気の時代であったので、多くのオーストラリア人はその夢を実現できた。この時代に、多くの公務員がメルボルンからキャンベラに移転し、住宅地が次々と開発されていった。子育て中の若い夫婦が多かったから、大部分の住宅は広い裏庭がついた一戸建てであった。機械的な都市計画のために、いずれのサバーブにも同じような施設があり、広い敷地に建てられた平屋一戸建て住宅が連なっていたので、その当時はどこに行っても同じような景観であった。それぞれの地域にあまり特徴がなかった (Stretton 1970)。広い敷地に建てられた一戸建て住宅が一般的であることに加えて、首都開発委員会は広大なオープン・スペースをタウンの間に設け、近隣公園をサバーブの中に配置した。こうして、同委員会は人口密度の低い都市となるようにキャンベラを建設した（野邊 1999）。

2016 年現在、キャンベラの人口は 397,397 人である。（数値は、国勢調査における、内陸にある首都特別地域の人口である。そのほとんどはキャンベラに居住している。）中央官庁が置かれているので、連邦政府の公務員が多く居住している。2017 年 6 月現在、キャンベラで勤務する連邦政府の職員は 57,569 人であり、連邦政府の全職員の 37.9 ％を占める (Australian Public Service Commission 2017)。1991 年からのキャンベラの人口推移は、表 1 のようである。人口が 2006 年から急増していることは、注目に値する。

表1 キャンベラの人口の推移

年	人口
1986年	248,883
1991年	279,323
1996年	299,243
2001年	311,947
2006年	324,034
2011年	357,218
2016年	397,397

（出典）国勢調査のデータにもとづいて著者作成。
（注）ジャービス・ベイ（Jervis Bay）を除いた首都特別地域の人口である。

1.3　ACT 政府成立後の都市開発

野邊 (1999) は 1997 年に聞き取り調査をおこない、ACT 政府の成立後におけるキャンベラの都市開発について報告した。この報告によれば、都市開発の方法が次の 2 点で変化していた。①ACT 政府の成立後、キャンベラは財政的に自立せざるをえなくなり、ACT 政府は都市開発の経費を切り詰めるようになった。②首都開発委員会は独裁的に都市開発をおこなっていたけれど、ACT 政府は民間開発業者や住民の要望を聞き入れるようになった。その一例がコミュニティ・カウンセルである。住民の意見をくみ上げるために、ACT 政府は住民にコミュニティ・カウンセルを組織することを促した。現在、キャンベラでは地域ごとに 7 つのコミュニティ・カウンセルが組織されている。コミュニティ・カウンセルの集会は月に 1 回開催され、ACT 議会の議員や ACT 政府の職員、開発業者、住民などが集まって、話し合いをしたり、ACT 政府の職員や開発業者が開発計画の説明をしたりする。そして、参加者は争点について話し合う。

こうした新たな方法にもとづいて都市開発がおこなわれ、キャンベラは 1997 年当時次のようになっていた。①連邦政府の官庁が中心部に集まった。②生活関連施設や行政サービスを配置する際に、前述した都市計画の原則を杓子定規に適用するのではなく、その地域の実

情に合うよう柔軟におこなうようになった。例えば、連邦政府がキャンベラを直轄していたときは、ローカル・センターには、日用品を扱う小規模な商店と一般開業医の診療所があるだけであった。ところが、ACT 政府が設立されてからは、その建物を高齢者のための療養院、動物病院、小ホテル、民間企業の事務所としても利用できるようになった。また、ACT 政府が成立してからは、グループ・センターの拡張が認められたり、グループ・センターに事務所を建設できるようになったりした。③開発業者の要望を受け入れて、ACT 政府はシビックを取り囲む地域を集合住宅が建設できる地域に指定した。その結果、中心部では、一戸建て住宅が取り壊されて、アパートが建ち並ぶようになった。そして、中心部における住宅の高密度化が進んだ。④ガンガーランでは、敷地面積が狭隘な一戸建て住宅が建設されるようになった。

1.4　本稿の目的

　本稿では、次の2点を解明したい。第1に、ACT 政府は都市開発の経費を切り詰める政策を現在でもなお堅持しているかどうかである。第2に、ACT 政府は生活関連施設や行政サービスをどのように配置するようになったかである。首都開発委員会は機械的な都市計画を厳格に適用して、キャンベラを画一的に開発したから、1997年には生活関連施設や行政サービスの配置が実情に必ずしも合わなくなっていた。例えば、グループ・センターの近くにあるローカル・センターには、顧客があまり来なくなっていた。また、住宅地の街角には、商店 (corner shops) がまったくなかった。野邊 (1999) は、ACT 政府がそれぞれの地域の実情に合うようにより柔軟に都市を（再）開発するようになってゆくであろうと予想した。本稿では、その予想のように都市（再）開発が変容しているかどうかを検証する。

2.　研究方法

　本研究のための調査は、2017年3月、同年7月から9月、2018年8月から9月に実施した。筆者はコミュニティ・カウンセルの集会に出席し、出席者にそれぞれの地域で起こっている出来事や争点となっている出来事について聞き取りをした。さらに、首都庁の職員や ACT 政府の都市開発の担当者、都市社会学を担当していたもと大学教員、住民運動や抗議運動に係わっている住民にもそうした出来事について聞き取りをした。筆者が英語で聞き取り調査を実施し、相手が許可したときは会話を録音した。聞き取り調査の後で、国立図書館でキャンベラの地元紙である *Canberra Times* の過去の記事を検索し、出来事の経緯を調べた。こうして収集した情報を KJ 法で整理した。

3.　キャンベラの現状

　聞き取り調査によって、都市開発の現状が明らかになったが、それらを5点に整理して、解説する。

3.1 官庁の中心部への集中

　前述したように、首都開発委員会は官庁をキャンベラ内にどのように配置するかを決定する権限を持っており、官庁をそれぞれのタウンのタウン・センターに分散して配置し、職住接近の都市を建設しようとした。ところが、連邦政府のそれぞれの官庁は、1996年に事務所の所在地を自ら決められるようになった。事務所が国会や大臣の近くにあったり、他の官庁の近くにあったりすると執務しやすい。そのため、多くの官庁がキャンベラ・セントラルに事務所を移動させた。また、それぞれの官庁が予算を管理し、自助努力で安い家賃のビルを事務所として借りれば、支出を削減できる。このことも、官庁の集中を促進した (Fischer and Weirick 2016)。さらに、キャンベラ空港を買収したスノー (Snow) 企業グループは、空港の西隣にビジネス・パークを造成した（図1参照）。キャンベラ空港とビジネス・パークはキャンベラ・セントラルの東端にある。一部の官庁はこのビジネス・パークに事務所を移転させた (Freestone and Wiesel 2015)。

　ウォーデンにあった主要官庁はキャンベラ・セントラルに移転し、なくなってしまった。ベルコネンにあった多くの官庁も移転し、2018年現在、ベルコネンには移民と国家保安省 (Department of Immigration and Border Protection)、オーストラリア統計局 (Australian Bureau of Statistics)、およびいくつかの小規模な官庁があるだけとなった。タグラノンには、福祉サービス省 (Department of Human Services)、社会事業省 (Department of Social Services) が置かれているだけである。現在では、1997年のときよりも官庁の中心部への集中が進んだ。

　1980年代から新自由主義がオーストラリアで台頭し、連邦政府は職員を減らして、業務の外注化（アウト・ソーシング）を進めている (Towell 2017)。民間企業が官庁の外注化した業務を受注するが、対事業所サービス（金融、保険、調査、情報処理、経営管理、不動産など）の企業がそれに当たる。官庁がキャンベラ・セントラルに集中するようになったのに伴って、対事業所サービスの民間企業もそこに集中するようになった。

　連邦政府の官庁と対事業所サービスの企業がキャンベラ・セントラルに集中した。その結果、ACT政府の職員によれば、キャンベラにある60％の職場は、キャンベラ・セントラルのシビックと議会の三角地帯に集中しているという（図2参照）[2]。2016年の国勢調査でも、キャンベラで働く人の65.9％の職場はキャンベラ・セントラルにある。

　ちなみに、2015-16年度におけるACT政府の職員数は21,260人である (ACT Government 2017)。ACT政府の主な役所

図2　キャンベラ中心部の地図
出典：図1に同じ

はノース・キャンベラ（ディクソン、シビック）とウォーデンにあり、小規模な役所がガンガーランにあるだけである。これに加えて、警官、医者、教員、バスの運転手などがキャンベラのいろいろな場所にある警察署、公立病院、公立学校などで勤務している。

3.2　ライトレイルの建設

　ACT 政府はバス会社を経営しており、バス路線をキャンベラ中に張り巡らしている。バスが、キャンベラ内での唯一の公共交通機関である。ただし、多くの人々は通勤や通学に車を使っている。キャンベラ・セントラルに職場が集中したために、通勤時間帯の交通渋滞がひどくなった。そこで、中心部を核とした公共交通機関網を整備することが必要となった。

　労働党が緑の党 (ACT Greens) の協力を得て ACT 政府の内閣を組織したが、その政治取引で車の排気ガスを削減できるライトレイルの建設が2014年に決まった。将来的にはキャンベラ内にライトレイルの路線を敷設する予定であるが、その第一段階として、シビックとガンガーラン・タウン・センター間の建設が2016年から始まった。

　ノースホーン・アベニューにライトレイルが建設されるが、その沿道には多くの低所得者向け公営住宅（低層のアパート）がもともと建っていた（図2参照）。その土地は、官庁や民間企業の事務所や商業施設が集まったシビックに近い優良物件である。その上、ライトレイルが敷設されてアクセスが更によくなるので、不動産の価値が高まった。住宅の耐用年数がきていたこともあって、ACT 政府は公営住宅を取り壊して開発業者に売却している (Burgess 2017)[3]。そうした公営住宅は864戸にのぼる (Lawson and McIlroy 2015)。開発業者はそこに10階建てほどの集合住宅や事務所用のビルを建設している。こうした再開発が大規模に進行中である。ライトレイルの建設によって、ACT 政府は民間企業に不動産へ投資をさせることも目指しているのである[4]。

　ACT 政府は、取り壊す公営住宅に代わる公営住宅をより遠方の郊外に建設している。既存のサバーブに公営住宅を建設する場合、コミュニティホール、保育園、高齢者用住宅などを将来建設するために確保しておいた場所や既存の公園に代わりの公営住宅を建設する。住民からすると、施設が建設されなくなったり、公園がなくなったりするということである。さらに、公営住宅の住民は麻薬に係わっていたり、家族の問題を抱えていたりすることが多いから、公営住宅が建設されるとその地域の評判が悪化する。そのため、公営住宅が建設されることに選定された場所の近くで、住民による抗議活動がおこっている (Braddick 2017; Doherty 2015)。ACT 政府は代わりの公営住宅を少数ずつキャンベラ内で分散させて建設するので、キャンベラ内のさまざまな場所で抗議活動が発生している。開発が始まったばかりのタウンであるモロングロでも、ACT 政府は公営住宅を建設している。モロングロでは、商店、診療所、図書館などの生活関連施設がまだ作られていないので、住民は別のタウンにある施設を利用している。公営住宅に居住する住民は所得が低いので、多くの住民は車を所有していない。そうした住民は施設にアクセスしづらく、問題となっている[5]。

3.3　市街地再開発による住宅建設

　キャンベラ・セントラルの中心には、バーリー・グリフィン湖がある（図2参照）。湖の

南に、国会議事堂がある。これは、キャンベラが国の中心であることのシンボルである。国会議事堂、シビック、ラッセルを頂点として、三角形を形成している。湖を挟んで、北側には戦争記念館があり、南側には国会議事堂がある。戦争記念館と国会議事堂を結ぶ線が中心線となり、三角形を2等分している。戦争記念館の前の中心線はアンザック・パレードという大通りであり、通りに沿ってオーストラリアが参戦した戦争の記念碑や記念像がある。この神聖な中心線の伝えるメッセージは愛国心である。ラッセル周辺には、国防省 (Department of Defence) やその施設、オーストラリア国防大学 (Australian Defence Force Academy) がある。湖の南側の湖畔には、国立図書館や最高裁判所があり、その南側が官庁街となっている。湖の南側に国会議事堂がある。国会議事堂と湖の間には、旧国会議事堂であるオーストラリア民主主義博物館がある。政治や軍事上の象徴的意味を持ったモニュメントや建物がバーリー・グリフィン湖の周辺に多くあり、湖とその周辺は象徴的空間となっている (Colombijn 1998)。そこで、湖はすべての人のものであり、湖の周辺は誰でもアクセスできる場所であると考えられてきた。

　ACT 政府は湖の南東のキングストンを開発業者に売却し、2007年から住宅地の建設が始まった。現在、湖畔にコンドミニアムが立ち並んでいる[6]。ACT 政府は湖の北西側でシビックに近い湖畔を整備したうえで開発業者に売却し、キングストンと同じような住宅地にすることを予定している。2017年に、湖畔整備の工事をまず実施した。一般の人々がその湖畔へ自由にアクセスできなくなってしまうので、ACT 政府が湖畔を再開発して住宅地にするという事業に対して、反対が唱えられている (Canberra Times 2017b)。

　バーリー・グリフィン湖の再開発の外にも、文化的に意義のある場所の再開発が提案されている。その1つが、煉瓦工場跡地の再開発がある。多くの煉瓦が、旧国会議事堂のような初期に建設された建物には用いられた。その煉瓦を生産した煉瓦工場 (Yarralumula Brickworks) がサウス・キャンベラに残っている。工場は1976年に操業を中止しているが、その煙突は歴史的建造物として登録されている。ACT 政府は工場の敷地を住宅地にして1800戸の集合住宅を建設し、工場の建物を改修して事務所、美術館、スタジオなどにすることを提案した (ABC News 2015)。

　マヌカ・オーバル (Manuka Oval) の再開発は、もう1つの例である。サウス・キャンベラに、14,000人を収容できるマヌカ・オーバルという球技場がある。球技場に隣接して、1922年に建設された、グリフィンの命名によるテロピア公園 (Telopea Park) や歴史的建造物として登録されているプールがある。このあたりは、キャンベラ発祥の地ともいうべき場所である。共同企業体が球技場を4万人収容できるものに拡張し、同時に、球技場一帯を再開発し、ホテル、アパート、商業施設、事務所、駐車場が入った複合ビルを建設する提案をした (Macdonald and Dutton 2016)。再開発は周辺の雰囲気を変えてしまい、テロピア公園やプールにも影響がある。周辺住民は再開発を憂慮している (Burdon 2018a)。

　自然環境に影響を及ぼすような住宅開発も提案されている。サウス・キャンベラにあるゴルフ・クラブ (Federal Golf Club) は、55歳以上の人が入居できる125戸の住宅を空き地に建設し、ジムの付いたクラブハウスを新築する計画を立案した。住宅の建設予定地は、自然保護地区 (Red Hill Nature Reserve) に隣接する場所である。住宅の建設のために多くの木々が

◆論　　文

伐採され、住宅にペットが持ち込まれるので、住宅建設は自然保護地区へ影響を及ぼす。そこで、その計画に反対運動が起こっている (Thistleton 2015)。

3.4　都市計画の原則の変更

　連邦政府がキャンベラを直轄していたとき、キャンベラの都市計画はきわめて機械的であり、もともとタウン・センター、グループ・センター、ローカル・センターには、住宅を建設することができなかった。ACT 政府が設立されてから、ACT 政府は開発業者や住民の要望を聞き入れるようになった。最近では、要望にもとづいて原則が変更され、タウン・センターやグループ・センターに住宅建設が認められるようになった。2004 年から、1 階が商店で、2 階以上が集合住宅である複合ビルがタウン・センターやグループ・センター内で試験的に建設されるようになり、2011 年からは大々的に建設されるようになった[6]。

　ノース・キャンベラにあるグループ・センターであるディクソン・ショップス（Dickson Shops）は、キャンベラ・セントラルの幹線道路であるノースボーン・アベニューとベルコネンに向かう道路であるアンティル・ストリート (Antill Street) が交差する交通上の要衝にある。このグループ・センター内に、1 階に商店が入り 2 階以上が集合住宅である複合ビルが 2017 年に建設されていた。ディクソン・ショップスの規模が大きくなり、商店や飲食店が増えていた。ここでは、再開発への反対運動が起きている。ACT 政府は、ディクソン・ショップスにある駐車場として利用されている土地を開発業者に売却した。開発業者は、2つのスーパー、150 のアパート、地下駐車場からなるビルの建設を ACT 政府に申請した。ビルが建設されると、隣の図書館に日が当たらなくなり、車や歩行者がスムーズに移動できなくなるので、反対運動が起こっている[7]。

　同じような反対運動は、ウォーデンにあるグループ・センターであるカーテン・ショップス (Curtin Shops) でも起きている。商店がいくつも入った平屋の建物の所有者は建物を取り壊し、1 階が商店で、2 階以上に 50 のアパートが入る 6 階建てのビルを建設する申請を ACT 政府にした。このビルが建設されると住民が集う広場に日が当たらなくなってしまうので、そこでも反対運動が起こっている (Canberra Times 2017a)[8]。

3.5　産業の振興

　ACT 政府は観光、再生可能エネルギー（風力発電など）、教育といった産業を育成し、雇用機会を増大させようとしている[9]。そのうち、最も成功していると思われる大学教育は次のようである。ACT 政府が設立される前は、オーストラリア国立大学とキャンベラ大学の 2 つの大学がキャンベラにあるだけであった[10]。最近、両大学は学生数を大幅に増加させた。さらに、3 つの大学（Charles Sturt University, University of NSW, Australian Catholic University）がキャンベラでキャンパスを開設した。その結果、2016 年現在、キャンベラ（首都特別地域）では 34,230 人が大学生であり、全人口の 8.6 ％を占めている（国勢調査）。オーストラリア国立大学での聞き取りによれば、同大学の学生数は 2017 年に 25,532 人であるが、36 ％の学生が留学生であり、うち約 90 ％が中国人である。このように、大学教育が外貨獲得の有力な産業となっている[11]。

-64-

別の産業でも新規事業が提案されている。現在、キャンベラのごみは埋め立て処分されている。サウス・キャンベラの東にフィッシュウィック (Fyshwick) という商業・工業地域がある。ACT 政府も関与している共同事業体がフィッシュウィックにごみ焼却施設を建設し、その熱を利用して発電することを計画している。キャンベラのごみだけでなく、ニュー・サウス・ウェールズ州のごみもそこで焼却する予定である (Lawson and Burgess 2017)。環境への悪影響を懸念する住民は、その施設の建設に反対している (Inner South Canberra Community Council 2017)。

4. 考察

第1に、公共投資についてである。ライトレイルの建設は、これまでバスだけによっていた公共交通システムを作り替えるだけにとどまらず、有効需要を作り出すために公共投資を実施することでもある[12]。車の制限速度は時速80キロであり、ライトレイルの最高速度は70キロであるから、ライトレイルの建設は交通渋滞の緩和にそれほど役立たないという意見がある[13]。また、バスなら乗客の要望に応じて路線を柔軟に変更できる。こうしたことを考慮すると、ライトレイルの建設は、公共投資や民間企業による投資の促進という性格が強いと考えられる。ACT 政府が近年実施した公共投資は、ライトレイルの建設だけではない。キャンベラの水瓶であるコタダム (Cotter Dam) の拡張工事を2009年から実施し、2013年に完成した。そして、50万人に上水を供給できる貯水池を築造した。その後おこなった公共投資が、ライトレイルの建設である。このように、ACT 政府はここ10年ほど大型の公共投資を立て続けに実施している。これには、次のような事情があると推論できる。

ACT 政府が成立する以前、連邦政府がキャンベラを直轄していた。地方議会がなかったので、住民は選挙によって地方政治に民意を表出することができなかった。1957年から、首都開発委員会がキャンベラの都市計画と都市開発を一元的に担当した。その使命は、首都として威厳のある、居住環境の整った都市を建設することであった。キャンベラの都市開発と行政サービスの経費は、連邦政府の予算から支出されていた。確かに住民は住民税（rates）を支払っていたけれど、連邦政府によるキャンベラでの都市開発や行政サービスの費用をまかなうものではなかった。連邦政府は、他の州で徴収した国税 (taxes) をキャンベラの建設や行政サービスに投入していたのである。連邦政府は財政的裏付けを首都開発委員会に与えていたので、同委員会は経費をどのように捻出するかを考えることなく、理想の都市を建設できた（野邊 1996）。キャンベラの地方政治は、「慈悲深い独裁制」(benevolent dictatorship) であったのである (Greig 2006)。キャンベラは特別な都市として厚遇されていたため、その住民は自治政府が置かれていないことに不満を抱いてはいなかった（野邊 1999）。

1989年に ACT 政府が設立され、キャンベラは財政的に自立することになった。これによって、キャンベラに付与されていた特権が剥奪された。キャンベラはシドニーやメルボルンといった都市と同格になったのである。そして、ACT 政府は、キャンベラの経済にも責任を持つようになった。公共投資を実施したり、民間企業の投資を促したり、産業の振興をしたりすることで、ACT 政府は雇用機会を増やして、キャンベラを自力で成長させ、シドニ

◆論　文

ーやメルボルンといった都市と競合しなければならなくなったのである。こうして、キャンベラは、シドニーやメルボルンと同じように営利都市 (commercial city) となったといえる。

　ただし、ACT 政府が設立された直後、ACT 政府は都市開発の経費を切り詰めていた（野邊 1999）。ところが、10 年ほど前に ACT 政府はその政策を変更し、公共投資を積極的に行うようになった。さらに、積極的に、民間企業の投資を促したり、産業を振興しようとしたりするようにもなった。そのために、雇用機会が増大し、人口増加が近年著しくなった。首都特別地域の人口は、2006 年から 2011 年の間に 33,184 人、2011 年から 2016 年の間に 40,179 人増加した（表 1 を参照）。

　ところで、シドニーやメルボルンといった州都は海に面し、港湾があるのに対し、キャンベラは内陸にあり、もともと寒村にすぎなかった。キャンベラは州都と比べると、立地条件が圧倒的に不利で製造業の育成がむずかしい。たしかに ACT 政府は、観光、再生可能エネルギー、教育といった産業を振興しようとしている。しかし、内陸にあるキャンベラで、州都と競える産業は限定されている。立地条件が不利である分、ACT 政府は公共投資をより積極的におこない、雇用機会を作り出してゆかないといけない。

　さらに、連邦政府の政治情勢の変化もある。連邦政府がキャンベラを直轄していた時代、連邦政府の中央官庁に勤務する多くの公務員がキャンベラに居住することは当然のことであった。ところが、ACT 政府は、そのことにもとづいてキャンベラを統治することができなくなってきている。現在、連邦政府では、自由党と国民党の連立政権が政権を握っている。国民党の議員がキャンベラにある官庁の一部を自らの選挙区にある地方都市へ移転し、地元への利益誘導 (pork barreling) を画策している。もしこれが実施されると、数千人規模の連邦政府の職員がキャンベラから地方都市へ移転することになる (Thomson 2014)。これまでのように多くの連邦政府職員がキャンベラに居住することが、当たり前ではなくなっている。そこで、キャンベラの経済を多数の公務員の居住に依拠しなくてもよいように作り替えなければならない。そのための 1 つの方策が、公共投資なのである。

　こうした理由もあって、10 年ほど前から ACT 政府は大型の公共投資をおこない、民間企業の投資を促し、産業を振興することによって、雇用機会を積極的に作り出すようになった。1997 年当時と比べて、都市開発の方法が大きく変更されたのは、この点である。

　第 2 に、公共投資の財源についてである。ACT 政府はバーリー・グリフィン湖の湖畔を開発業者に住宅用地として売却している。また、ノースボーン・アベニューの沿道にある公営住宅を取り壊し、土地を開発業者に売却している。さらに、グループ・センターの駐車場を開発業者に売却している。市街地にあるそうした優良物件の売却だけではない。ACT 政府はまだ開拓されていない土地も住宅用地として積極的に販売している。2017-18 年度、ACT 政府の郊外土地局 (Suburban Land Agency) は 5 億 7600 万ドルの土地を売却すると見込んでいる。2011-12 年度の売却額は 2 億 1800 万ドルであったから、ACT 政府は住宅用地の売却を最近大幅に増加させていることが分かる (Burdon 2018b)。2017-18 年度、ACT 政府の歳入は 54 億 2409 万ドルであるが、連邦政府から ACT 政府への交付金は 22 億 8721 万ドルであり、歳入の 42.2％を占める (ACT Government 2018)。土地売却額がすべて利益となるわけではないが、土地売却は ACT 政府が自ら作り出す歳入のうちのかなりの割合を占めている。ち

－66－

なみに、ACT 政府は、2017-18 年度から 2020-21 年度の間に、都市再生局 (the City Renewal Authority) が 7400 万ドル、郊外土地局が 21 億 8900 万ドルの土地を売却することを目標にしている (Burdon 2018c)。ACT 政府はそうした土地売却の利益を主に使って、公共投資をしているのである。

首都特別地域の南部は山地や森林であり、キャンベラの水源地となっている。そして、その一部は国立公園である。こうした事情から、南部は住宅用地として開発できない。キャンベラの住宅開発は北方に進んでおり、ニュー・サウス・ウェールズ州との境界に迫っている。そのため、ACT 政府が開拓し、住宅用地として売却できる土地が少なくなってきている。将来、そうした土地はなくなってしまう。そうなると、ACT 政府は土地を売却し、その収益を使って公共投資をおこない、雇用機会を作り出すという従来の方策を取れなくなる。そのときが、キャンベラの経済の大きな分岐点となると考えられる。ACT 政府が講ずることができる政策として、住民税を上げて、公共投資を継続するとか、債権を発行して、公共投資を継続するとか、公共投資をやめるとかいったことがある。どの政策を採用するかによって、キャンベラの将来は大きく変わってくるだろう。

第 3 に、住民の抗議運動についてである。ACT 政府は、雇用機会を増大させるために、自ら公共投資をするだけでなく、キャンベラへの投資を呼び込んだり、産業の育成に努めたりしている。ところで、ACT 政府が設立されたとき、『地域計画』を作成したが、それは改訂されて『地域計画 2008』となった。この改訂によって、開発の申請の審査が簡素化され、申請が通過しやすくなった[14]。そこで、タウン・センターやグループ・センターなどの再開発の申請が多く ACT 政府に提出されるようになった。こうした再開発は、住民が当然のことと考えていた権利（例えば、日照権）を侵害するものもあり、住民による抗議が起こっている。また、ACT 政府の産業誘致に応えて、産業公害を引き起こしかねない工場の建設も計画されるようになった。こうした施設の建設も、抗議を呼び起こしている。ACT 政府の開発に重点をおいた政策が、住民による多くの抗議運動を生み出すようになったといえるだろう。

首都開発委員会はバーリー・グリフィンの都市計画の理念を生かして、田園的雰囲気のある、居住環境の整備された理想の都市を建設した。ACT 政府は、1989 年にそうした「遺産」を相続した。ACT 政府が設立される以前から居住していた住民から見ると、近年における ACT 政府による開発優先の都市政策はその「遺産」を「切り売り」して都市を経済的に活性化させ、キャンベラを全く別の都市にしようとしているように映る。再開発計画が提起されると抗議活動がしばしば起こるのは、そのこととも関連している。

第 4 に、従来の都市計画の原則が変更されて、タウン・センターやグループ・センター内に、集合住宅の入った複合ビルが建設されるようになったことである。そうした住宅が許可されるようになったのは、次のような理由からである。

まず、住民の世帯構成や年齢の変化による、住宅需要の多様化がある。現在では結婚年齢が高くなり、キャンベラには大学生が多いということもあって、独身者が多い。15 歳以上の住民のうち 40.3 ％が結婚も同棲もしていない独身である。また、子どもを持たない結婚・同棲のカップルや高齢者が増えている。単身世帯やグループ世帯を除いた家族は 100,308 世

帯であったが、そのうちの37.2％が子どものいない結婚・同棲のカップルであった。また、65歳以上の人口の割合は12.6％であった。(2016年の国勢調査による。ジャービス・ベイを除いた首都特別地域の数値である。) そうした人々は郊外の一戸建て住宅に住むよりも、商店が近くにある、住居の世話のあまりいらない集合住宅に居住することを希望する[15]。

次に、住宅用地として新たに開発できる土地が少なくなっていることである。そこで、市街地の人口密度を高くすることが必要となってきた。ACT政府がタウン・センターやグループ・センターで商店と住宅が入った複合ビルの建設を許可したのは、既存の市街地の人口密度を高めるためでもある。

野邊 (1999) は、1997年に敷地の狭い一戸建て住宅がガンガーランで増えていたことを報告している。最近では、モロングロのような新興住宅地において集合住宅が急激に増加している。数値をあげれば、ACT政府が2014-2015年度に売却した土地の91％が集合住宅用であった (Lawson and Knaus 2016)。さらに、タウン・センターや一部のグループ・センターに集合住宅の入った複合ビルが建設されるようになった。かつてのキャンベラでは、どのサバーブに行っても、地域に特徴がなかった (Stretton 1970) けれども、最近では、地域に明確な特徴が現れている。

5. 結論

キャンベラでは、1989年に自治政府であるACT政府が設立された。野邊 (1999) は1997年に調査を実施し、ACT政府の成立後にキャンベラの都市開発の方法や都市開発の状況がどのように変化したかを明らかにした。本稿の目的は、野邊の研究の後、キャンベラの都市開発の方法や都市 (再) 開発の状況がどのように変化したかを解明することであった。事例の分析から、次の4点を明らかにした。

(1)1989年にACT政府が成立した直後から、ACT政府は都市開発の経費を切り詰めてキャンベラを統治していた。ところが、ACT政府は10年ほど前にその方法を変更し、大型の公共投資・民間企業への投資促進・産業振興をおこなうことによって、雇用機会を積極的に作り出すようになった。その結果、人口が急増するようになった。

(2)公共投資の財源を得るために、ACT政府は市街地にある不動産や未開拓の土地を住宅用地として積極的に販売している。

(3)ACT政府の開発優先の政策から、住民の既得権を侵害する再開発がおこなわれたり、産業公害を引き起こす危険性のある工場建設が計画されたりするようになった。ACT政府は開発優先の政策を採っているために、住民による多くの抗議運動が起こっている。

(4)住宅需要が変化したり、住宅用地にできる未開発地が少なくなったりしているので、タウン・センターや一部のグループ・センター内に、集合住宅の入った複合ビルが2004年より建設されるようになった。

(本研究は JSPS 科研費 JP16K04066 の助成を受けたものです。洞察力のある査読者のコメントで本稿の内容が大幅に改善されました。査読者に感謝いたします。)

注

⑴ キャンベラの土地は所有することができず、99 年の借地権が認められているだけである。人々が売買をしているのは、この借地権である。ただし、現在、借地制度は名ばかりとなり、実体は土地の私有制に近いものとなっている (Brennan 1971)。こうしたことを勘案し、本稿では、借地権の売買でなく、住宅地の売買という言葉を用いる。

⑵ 2017 年 8 月 28 日におこなった、ACT 政府の職員への聞き取り調査による。

⑶ 立地条件のよい場所にある公営住宅の土地売却は、ノースボーン・アベニューの沿道にある物件だけではない。サウス・キャンベラのレッド・ヒルにある公営住宅も取り壊され、開発業者に売却される。2017 年 9 月に取り壊しがおこなわれていた。

⑷ 2017 年 8 月 28 日におこなった、ACT 政府の職員への聞き取り調査による。

⑸ 2017 年 8 月 30 日にウェストンクリーク・コミュニティ・カウンセルの集会が開催されたが、その参加者に対する聞き取り調査による。

⑹ 2017 年 9 月 12 日のイナー・サウス・キャンベラ・コミュニティ・カウンセルの集会でおこなった、ACT 政府の職員への聞き取り調査による。

⑺ 2017 年 9 月 1 日に実施した、反対運動のリーダーへの聞き取り調査による。

⑻ 日照権をめぐる運動はウォーデンでも起こっている。再開発の一環として、ウォーデン・タウン・センターの広場の北側にある 3 階建てのビルを取り壊し、28 階建てのビルに立て替えるという計画が提案されている。高層ビルが建設されると、広場が高層ビルに取り囲まれて日が当たらなくなり、広場を横切る直線の通路がさえぎられてしまう。そこで、住民は、この案に対して反対意見を提出している。

⑼ 2017 年 8 月 28 日におこなった、ACT 政府の職員への聞き取り調査による。

⑽ キャンベラ大学が大学に昇格したのは、1990 年である。

⑾ 2017 年 9 月 17 日におこなった、オーストラリア国立大学 Adjunct Professor の Larry Saha への聞き取り調査による。

⑿ 2017 年 8 月 28 日におこなった、ACT 政府の職員への聞き取り調査による。

⒀ 2017 年 9 月 17 日におこなった、オーストラリア国立大学 Adjunct Professor の Larry Saha への聞き取り調査による。

⒁ 2017 年 9 月 1 日に実施した、反対運動のリーダーへの聞き取り調査による。

⒂ 2017 年 9 月 19 日におこなった、オーストラリア国立大学 Emeritus Reader の Alastair Greig への聞き取り調査による。

文献

ABC News, 2015, "Yarralumla Brickworks Site: More Dwellings, Larger Estate Feature in Revised Plan for New Canberra Estate, ABC News, February 24, 2015, (Retrieved September 20, 2018, http://www.abc.net.au/news/2015-02-24/revised-plan-for-yarralumla-brickworks/6230708)

ACT Government, 2, Annual Report 2015-16, (Retrieved September 20, (http://www.cmd.act.gov.au/functions/publications/2015-16annualreport/state-of-service-report/act-public-service-workforce-201516/act-public-service-workforce-201516)

ACT Government, 2018, Australian Capital Territory Budget 2018-19, ACT Government, (Retrieved September 20, 2018, https://apps.treasury.act.gov.au/__data/assets/pdf_file/0017/1163321/2017-18-Budget-Review.pdf)

Australian Public Service Commission, 2017, *State of the Service Report: 2016–17,* Australian Public

Service Commission, (Retrieved September 20, https://www.apsc.gov.au/sites/g/files/net5296/f/2016-17_sosr.pdf)

Braddick, Chris, 2017, "We're Not Nimbies. But Building Public Housing in Our Parks Will Harm Chapman and Holder," *Canberra Times,* April 5, 2017.

Brennan, Frank, 1971, *Canberra in Crisis,* Canberra: Dalton Publishing.

Burdon, Daniel, 2018a, "Barr's Election Pledge on Manuka Oval Master Plan Shelved until at Least 2019," *Canberra Times,* March 26, 2018.

Burdon, Daniel, 2018b, "ACT Land Agency Chief Looks to 'Maximise Revenue' on Residential Sales," *Canberra Times,* June 1, 2018

Burdon, Daniel, 2018c, "Andrew Barr's $2 Billion Land Sales Target 'Gouging' Canberra's Homebuyers," *Canberra Times,* February 25, 2018

Burgess, Katie, 2017, "Canberra's Northbourne Flats Are Coming Down," *Canberra Times,* June 12, 2017.

Canberra Times, 2017a, "Editorial: Curtin Shops Development Proposal Latest Canary in the Coalmine," *Canberra Times,* January 11, 2017.

Canberra Times, 2017b, "Canberra Times Letters to the Editor: Stronger NCA Could Protect Lake by Resisting ACT Government," *Canberra Times,* March 2, 2017.

Colombijn, Freek, 1998, "Canberra: A Sheep in Wolf's Clothing," *International Journal of Urban and Regional Research,* 22(4), 565-81.

Doherty, Megan, 2015, "Tuggeranong Residents Add Voices to Concerns about Plans to Relocate Public Housing Tenants," *Canberra Times,* December 8, 2015.

Fischer, Karl and James Weirick, 2016, "Canberra's Planning Culture in the Twenty First Century," Carola Hein ed., *International Planning History Society Proceedings, 17th IPHS Conference, History-urbanism-Resilience,* Tu Delft 17-21 July 2016, V.05 p.131, Tu Delft Open, 2016, (Retrieved September 20, http://dx.doi.org/10.7480/iphs.2016.5.1314)

Freestone, Robert and Ilan Wiesel, 2015, "Privatisation, Property and Planning: the Remaking of Canberra Airport," *Policy Studies,* 36(1), 35-54.

Greig, Alastair, 2006, "Canberra," Peter Beilharz and Trevor Hogan eds., *Sociology: Place, Time & Division,* South Melbourn: Oxford University Press, 47-51.

Inner South Canberra Community Council, 2017, "Proposed Fyshwick Waste Facility," Inner South Canberra Community Council, 1 Aug 2017, (Retrieved September 20, https://www.isccc.org.au/proposed-fyshwick-incinerator)

Lawson, Kirsten and Katie Burgess, 2017, "Waste-to-power Plant May Lead to 'Feed the Furnace' Mentality," *Canberra Times,* July 21, 2017.

Lawson, Kirsten and Christopher Knaus, 2016, "Apartments and Townhouses Hold Sway over Freestanding Houses in Canberra," *Canberra Times,* November 21, 2016

Lawson, Kirsten and Tom McIlroy, 2015, "1500 Public Housing Tenants to Move Across Canberra by 2019," *Canberra Times,* June 25, 2015

Macdonald, Emma, and Chris Dutton, 2016, "GWS Giants-led Group Unveils $800 Million Manuka Oval Redevelopment Plan," *Canberra Times,* February 16, 2016.

野邊政雄 , 1996,『キャンベラの社会学的研究』行路社 .

野邊政雄 , 1999,「近年におけるキャンベラの都市開発の変容：日本の都市機能移転に示唆するもの」『日本都市社会学会年報』17, 73-90.

McDonald, Peter, 1984, "Can the Family Survive?" Discussion paper no.11, Australian Institute of Family Studies.

Norman, Barbara and Hamish Sinclair, 2014, "Planning Reform of the Australian Capital Territory: Towards a More Sustainable Future," *Australian Planner,* 51(2), 180–185.

Perry, Clarence Arthur, 1929, "The Neighborhood Unit," Committee on Regional Plan of New York and Its Environs ed., *Neighborhood and Community Planning,* New York: Regional Plan of New York and Its Environs.

Stretton, Hugh, 1970, *Ideas of Australian Cities,* Melbourne: Georgian House.

Thistleton, John, 2015, "Red Hill Regenerators Fight Federal Golf Club Housing Idea," *Canberra Times,* November 22, 2015.

Thomson, Phillip, 2014, "Moving Bureaucrats North Is 'Pork Barrelng' Says Opposition," *Canberra Times,* July 8, 2014.

Towell, Noel, 2017, "Federal Budget 2017: More Job Cuts and Outsourcing for Canberra," *Sydney Morning Herald,* May 10, 2017.

◆書評

小内透編著

『北欧サーミの復権と現状 —— ノルウェー・スウェーデン・フィンランドを対象にして』(先住民族の社会学 第1巻)

(東信堂 2018年)

鈴木鉄忠

　読者は「サーミ」をご存じだろうか。"北欧のアイヌ"といえば、想像が働くかもしれない。トナカイの放牧で知られる先住民族であり、北極圏に達するスカンジナビア半島中北部とコラ半島を生活圏とする。アイヌの歴史的歩みと同じく、サーミも、ノルウェー、スウェーデン、フィンランド、ロシアが建国される遥か以前からこれらの土地に先住してきた。現在も4つの国家の境界線をまたがるようにして11〜14万のサーミが生活している。固有の言語や文化を持つこと、国家の同化や抑圧に苦しんだ歴史的経緯も、アイヌと重なる。しかし、似て非なる点があった。それは「復権」の程度である。サーミの教育機関、メディア、博物館、劇場などに加えて、サーミ議会まで制度化されている。「同じ先住民族でも、サーミとアイヌの復権のあり方が大きく異なっている」(iii頁) ことに著者たちは驚いた。同年に刊行された姉妹書（小内透編著、2018『現代アイヌの生活と地域住民——札幌市・むかわ町・新ひだか町・伊達市・白糠町を対象にして』東信堂）とともに、北欧サーミとアイヌの比較可能性を探る視点が、本書を独創的な作品にしている。

　本書は、北欧3か国に居住する先住民族・サーミの制度と生活を探った堅実な実証研究である。1980年代以降の世界的な先住民族運動の進展のなかで、運動論や規範論ではなく、「実際の先住民をとりまく教育や政治などの諸制度がどのように整備され機能しているのか、それによって彼らの労働や生活がどのように変化しているのかなどを事実に即して明らかにしていく」(18頁) のが本書の目的である。総勢10名の執筆者が担当した各章は有機的に関連しており、共同研究の成果としてのまとまりを与えることに成功している。本書に統一感を与えているのが、社会を2つの位相——機構的システムと労働−生活世界——で捉えるという、編著者の視点である。これを理論的骨格として、第1部「本書の課題と北欧サーミの概況」で始まり、機構的システムにあたる第2部「サーミ社会の機構・組織の形成と展開」、労働−生活世界を探った第3部「サーミの生活・意識と教育」、そして第4部「結論」という、全12章・4部の明快な構成が出来上がった。

　本書の知見のなかでも興味深いのは、サーミの「復権」を左右する国家の影響力である。世界の先住民運動のけん引役として知られるサーミであるが、先住民族の権利保障を定めた国際的な取り決め（ILO第169号条約）に批准している北欧の国は、現在もなおノルウェーのみである。法的に認められたサーミ議会は「復権」の最たる拠点だが、その財源は国家予算に大きく依存し、予算規模も各国によって大きな差がある。サーミ向けの新聞や雑誌なども政府からの財政支援に頼る面が大きい。サーミに対する同化と抑圧（あるいは放置）の影響は各国の政策によって異なり、それが現在の機構的システムを規定していることがわかる。しかしながら、国境を越えたサーミの組織化（サーミ議会連盟）や、サーミであるか否

かにかかわらず利用可能な公的企業（ノルウェーのフィンマルク土地管理公社）の活動も、本書は捉えている。なお、南ヨーロッパの先住民や民族的マイノリティ（ラディン人やフリウーリ人やイストリア人）にも同様の実態が観察でき、比較して考察することができる。

こうした点をどう考えるか。サーミの「復権」は国家に手綱を握られているとみるのか、それとも国家の制度や政策をしたたかに利用しながら安定した運営を確保しているとみるのか。あるいは（本書ではほとんどふれられていないが）EUのような超国家機関はどう関係するのか。近年は先住民の「復権」に対する「バックラッシュ」が欧州でも表面化している。そうしたなかで「棲み分け」から「オープンなシステム共生」と「コミュナルな共存」にむけた模索（324頁）の現代的意義を、本書は的確に指摘している。

機構的システムの踏み込んだ分析に比べて、労働－生活世界を扱ったパートは、試行錯誤の感がある。サーミへの郵送調査では、個人情報保護の観点から了承を得られたのはスウェーデンだけであり、そのアンケート調査の回収データ333通は有効回収率27％にとどまる。その他に教育機関の従事者を対象としたアンケート調査でも、実証データの収集に苦戦している。姉妹書のアイヌ民族の生活実態調査における有効回収数の多さと回収率の高さと比べてしまうと、データ不足は否めない。海外調査には特有の困難が伴うことを勘案しても、社会的マイノリティの労働－生活世界の解明に実証調査の手法がどれほど有効だったか、方法論上の疑問が残る。ただし自由記述欄や聞き取り調査では、「トナカイ・サーミだけがサーミではない」「メディアでは多数の話者がいる北サーミ語が他のサーミ方言より優先されてしまう」「若者世代は上の世代の内部争いにうんざりしている」など、一枚岩ではないサーミの現状を伝える興味深い意見が随所に登場する。もし深いインタビューやフィールドワークによる質的調査を組み合わせたならば、サーミ社会の内部多様性や生活世界の機微をすくい上げることができたのではないだろうか。

本書が調査を実施した時期は、ヨーロッパ社会の大きな転機と重なる。これまでにヨーロッパが築き上げてきたリベラル・デモクラシーと寛容を重んじる価値は、EUの危機とポピュリズムの席巻によって、根底から揺らいでいる。本書が導き出した知見の数々が持つ同時代的な意義の1つは、「以前の政治体制、そこでの領土獲得、そして国家、ネイション、エスニシティの建設といった一連の出来事の確かなる証人」（メルレル、A．新原道信訳、2004「"マイノリティ"のヨーロッパ」永岑三千輝・廣田功編著『ヨーロッパ統合の社会史』日本経済評論社、278頁）であるサーミの復権と現状を伝え、その証左を遺したことにある。それは「国家なき民族」「歴史なき民」と遇されてきたヨーロッパや世界各地のマイノリティ、そしてアイヌや日本社会の外部や周辺部にルーツを持つ人々の現実とも、深いところで響きあう。先住民族運動、エスニシティ、マイノリティ、北欧地域研究、比較研究として読み進めていくことができる、幅広い音域を秘めた共同研究の労作である。

書　評

小内透編著

『現代アイヌの生活と地域住民——札幌市・むかわ町・新ひだか町・伊達市・白糠町を対象にして』(先住民族の社会学　第2巻)

(東信堂　2018年)

渡戸一郎

　本書は小内透編著のシリーズ「先住民族の社会学」全2巻の第2巻に当たる。今回依頼された書評対象は第2巻のみだったが、第1巻『北欧サーミの復権と現状——ノルウェー・スウェーデン・フィンランドを対象にして』も併せて通読させてもらった。

　周知のように、1950〜60年代に北米と豪州で始まった先住民族運動は、1970年代以降国際的な広がりを見せ、1993年の「国際先住民年」と1994〜2004年の「国際先住民10年」を経て、2007年、「先住民族の権利に関する国連宣言」の採択に至る。日本では1997年にアイヌ文化振興法が制定されたが、この国連宣言を受け、2008年、国会で「アイヌ民族を先住民族とすることを求める決議」が採択された。こうした動向のなかで2007年、北海道大学アイヌ・先住民研究センターが開設された。「先住民族の社会学」は同研究センターによる社会調査プロジェクトの成果の集成である。

　調査プロジェクトは2008〜14年の間に、北海道アイヌ協会等の協力の下、北海道アイヌの大規模な生活実態調査（留め置き法）と、5地域（新ひだか町、伊達市、白糠町、札幌市、むかわ町）のアイヌ調査と住民調査が順次行われ、さらにグローバルな比較対象として北欧サーミの実証的調査（2012〜15年）が取り組まれている。

　さて、本研究シリーズの問題意識を小内透は第1巻『北欧サーミの復権と現状』の序章で次のように提起している。すなわち、国際的な先住民族「運動が獲得した成果を背景に、実際の先住民をとりまく教育や政治などの諸制度がどのように整備されているのか、それによって彼らの労働や生活がどのように変化しているかなどを事実に即して明らかにしていくこと」、それは「マイノリティや社会的弱者の権利保障の重要性に関する規範理論を精緻化する上で…重要な意義をもつ」(18頁)。この問題意識の背景には、第2巻序章で指摘されるように、アイヌの場合、その歴史や文化に関する研究が多い一方で、「現実の社会や文化、とりわけ生活や意識の実態を明らかにしようとする研究がきわめて少なかった」(14頁)という学問研究上の反省がある。

　そこで小内が主導する本研究は、社会を「機構的システムと労働−生活世界」からなるものと捉え（第1巻19頁）、「システム共生と生活共生の観点から検討する」こと（同21頁）が目指される。第1巻では日本に比して先進的と見做される北欧の機構的システムに重点が置かれ、政治（サーミ議会）、教育（サーミ学校、職業教育機関等）、情報（放送・活字メディア、博物館、劇場）の3つの機構が取り上げられるが、第2巻の北海道アイヌ研究では「労働−生活世界」を中心にアイヌ自身の生活や意識の解明を据え、世代・家族、教育・階層、アイデンティティ、及び和人との社会関係の把握に力点が置かれる。それゆえ本書にはこれまで不十分であった、現代日本の地域社会におけるアイヌに関わる事実発見と仮説が豊富に提示されていると言える。なお、北海道アイヌ調査については、世代別のアイヌの歴史

的位置づけ（図0-2）が読者の理解を助けている（第2巻21頁）。

　本書は以下の4部からなる。第1部「本書の課題とアイヌ政策」（序章と第1章）、第2部「アイヌの人々の生活の歩みと意識」（第2〜6章）、第3部「地域住民とアイヌの人々との関わり」（第7〜10章）、第4部「結論」（終章）。

　本書では、日本では北欧と同等の図式を描く条件が整っていない背景もあってか、機構的システムは政治機構（国や自治体の政策）とメディア環境（放送、活字）が取り上げられるに留まっているが、まずはそれらとの関わりを見ていこう。小内透は第二次世界大戦後の日本政府のアイヌ政策を、民族政策停滞期（1945〜60年）→福祉対策展開期（1961〜96年）→民族文化振興期（1997〜2007年）→先住民族復権期（2008年〜）の4期に分ける（序章）。これを新藤慶は、アイヌ民族の個人を対象とする「生活向上」から、アイヌ民族とそれ以外の人々の双方を対象とする「文化振興」への移行と捉え直し、北海道の政策も同じ傾向が見られるとしている。また、市町レベルではおおむね「生活向上」に重点を置きつつ、「文化振興」に軸足を移す事例も見られると言う。そして、仮に「生活向上」中心の政策であっても、アイヌ民族への特権付与といった「誤った認識」、さらにはバックラッシュに陥らないよう、「アイヌ政策の実態を正確に把握することが、アイヌと和人の共生を実現する上でも重要」だと強調している（1章）。他方、機構的システムとしての「メディア環境」を扱った小内純子は、北欧に比べて種類も規模も小さいアイヌ・メディアの現状を、地域差も含めて浮き彫りにし、その要因を政府の財政支援や「メディアの自由」の保障の在り方にあるとする（6章）。

　では本書の中核部分、第2部からアイヌの「労働−生活世界」に関する主要な知見を見よう。「アイヌの家族形成」を論じる品川ひろみは、世代更新とともに和人との混血が進行しているが、そこに地域とジェンダーによる差異が鮮明であり、また、子どもへの文化継承でも地域による差異が見られると指摘する（2章）。教育や階層を扱う野崎剛毅は、ブルーカラー層が多いアイヌ民族はいまだに教育達成や収入が和人よりも低く、その背景に進学価値を否定する文化と、学校からドロップアウトした人々の受け皿となる「アイヌ労働市場」（農林漁業、観光など）の存在を指摘する。一方、近年になってアイヌのなかから高等教育進学者が現れているが、野崎はそれを進学への態度の二極化と解釈すべきだとし、決して楽観していない（3章）。評者はこうした状況から、かつての在日朝鮮人と類似した社会過程を想起した。

　ところで「現代アイヌのエスニック・アイデンティティ」を探った新藤こずえは、アイヌであることを否定的に捉える意識はすべての年齢層で一貫して減少するとともに、アイヌであることをまったく意識しない人々が約半数を占め、「エスニック・アイデンティティを伴わないアイヌ文化の肯定化」が進行していると指摘する（5章）。一方、上山浩次郎は、戦後のアイヌ文化実践の歴史的変遷を辿った上で、今日、アイヌの血筋を濃くもつ人ほど宗教儀礼などを実践していると言う（4章）。

　第3部「地域住民とアイヌの人々との関わり」に移ろう。佐々木千夏は、民族差別と民族内差別が混在する「現代のアイヌ差別」をめぐって、「民族内差別は民族差別と表裏一体の関係」にあり、いまだに根強い和人からの民族差別の影響がアイヌ同士の間に波及し、「互

いに差異化しあう状況」を生み出していると述べる（7章）。では和人との交流はどうか。小野寺理佳によると、老年層は近隣交流が、青・壮年層は職場交流が主だが、後者の交流の多くは一時的なものに留まる。そして、交流が多い場だからと言ってより差別的でない関係性が築かれるとは限らないと指摘する（8章）。この点に関わって上山浩次郎は、「和人住民のアイヌ文化の知識と体験」がアイヌ関連施設や情報メディアのあり方に強く影響されるなか、近年になるほど学校教育の役割が大きいと言う（9章）。

　では、地域住民のアイヌ政策に対する意識はどうか。5地域の住民調査を分析した濱田国佑は、全体として、「アイヌの文化や知識の普及・啓発を目指す政策に関しては、理解や支持がある程度広がっているものの、アイヌの人々の生活支援に関してはいまだ十分な支持が得られていない」とする。そして、①集住地域の方がアイヌ政策に否定的な態度をとる傾向、②地域から疎外されていると感じる人ほどアイヌ政策に否定的な傾向が見られると言う（10章）。こうして濱田は、アイヌとの交流があるだけではアイヌ政策の支持の増加には結びつかないとしている（反対に、上山は9章で、和人住民はアイヌの人々との交流のある人ほどその知識、体験を得ていると指摘し、アイヌ文化の普及啓発において交流を増やすことが重要だとしていた）。

　終章では、小内透が全体の要約と総括を次のように試みている。本書で「明らかになったことは、非差別経験の重みであり、それが厳しい生活実態につながる論理であった。だが同時に、差別的な環境が弱まり、アイヌ文化が称揚されると、エスニック・アイデンティティは変化し、自らアイヌ文化を見直す傾向が生じている」。だが他方で、「地域住民（和人）は差別の解消やアイヌ文化の保護については積極的な評価をするものの、アイヌの人々に対する「生活向上」策に対しては消極的であった」（305頁）。こうしたなか、アイヌと和人の職場の棲み分けによる差別の抑止という「セグリゲーションによる生活共生」の傾向を弱め、和人（地域住民）との日常的な交流を通して「コミュナルな生活共生」の方向への取組みを進める（304頁）重要性が強調されるが、けっして容易な道ではなかろう。

　これまで研究者による北海道アイヌの社会調査は遅れていた。その意味で、北欧サーミを一つの参照枠としつつ、現代アイヌ研究の成果を丁寧に集成した本書は重要な意義を持つ。しかし同時に、本書が明らかにした現代アイヌをめぐる状況は、日本社会のなかできわめて「見えにくい問題」であり、集住地域に限定した場合その解決は一筋縄ではいかないことが窺えた。

　国では現在、地域振興や産業振興など幅広い取り組みを目指すアイヌ新法が検討中だ。そして文化振興の目玉が、東京五輪・パラリンピックがある2020年に北海道白老町で開催予定の「民族共生象徴空間」であり、五輪を機に少数民族政策を海外にアピールする狙いのようだ（朝日新聞2018年7月13日付け朝刊）。評者が東京駅近くに開設されたアイヌ文化交流センターを訪問したのは1998年12月のことだった。「センター職員にはアイヌの人もいるが、誰がアイヌなのかは話さないようにしている」と当時の所長から説明を受け、複雑な思いを抱いたことを思い出す。一方、最近アニメ化された連載漫画「ゴールデンカムイ」（集英社）が一定の若い読者を獲得しているようだが、本書で明らかにされた北海道アイヌのリアルとの落差は、たとえわずかでも埋まっていくのだろうか。

書　評

長谷川公一・山本薫子編
『原発震災と避難——原子力政策の転換は可能か』
（有斐閣　2017年）

清水　亮

　本書は東日本大震災に伴って発生した福島第一原子力発電所の事故を端緒とする災害を題材に、事故発生の原因追究（第1部）、避難者および避難自治体が抱える課題の把握（第2部）、原子力政策が転換されない要因分析（第3部）を行った研究書である。社会学の研究者9名の単著論文が編まれており、それぞれが独立した議論を展開しているが、1章と5章、2章と8章はそれぞれ連関する内容となっている。また、ほぼ全ての章において、事象の分析を基にした某かの提言がなされているのが特徴的である。研究者が災害という対象と向き合う際に必ず問われるのは、そこで生じている苦しみや悲しみに学問を通してどのように関わることが出来るのか、どのように貢献しうるのかという点である。その意味で、分析や解釈の提示だけで終わらせずに一歩前に出ようとした姿勢は高く評価されよう。とりわけ、社会学は批判科学としての性格を有するがゆえに、社会現象の解説や解釈は比較的得意であるものの、そこから先の問題解決は一般に不得手とされている。そこに果敢に挑戦したことの意義は大きい。

　各章ともに大変興味深いが、紙幅の都合ゆえに詳細には立ち入らず、若干の印象を述べることとしたい。1章では舩橋晴俊が「原子力複合体」の問題構造を示した上で、帰還か移住かの二択となっている復興政策を批判し、「長期退避、将来帰還」という「第3の道」を説いて二重の住民登録という具体的提案を行っている。二重の住民登録については5章で今井照が実現へ向けての議論を展開しているが、2014年の日本学術会議の提案に盛り込まれたものの、2019年時点で未実現である。それでも、法学関係者や政治家も巻き込んだ働きかけができたという点は特筆すべきである。単なる権力批判や抽象的な理念の議論に終わらせず、具体的な政策にまで踏み込めたからこそ、社会変革へ向けての現実の動きに結びつけられた。

　本書にはほかにも具体的提言が示された章がある。2章では松本三和夫が原発事故を「構造災」として分析し、制度設計の責任配分のあり方を議論している。その上で「立場明示型科学的助言制度」として「構造災公文書館」の設置を提言している。だが、これについてはそれ以上の記述はなく、Web上の情報を調べてみても論文や書籍で同様の主張が繰り返されている事実が見つかるだけである。実現に向けた具体的な運動にはなっていない様子である。社会学の研究者が社会学の学会等でこの種の主張を繰り返すだけでは、社会を変える具体的な力にはほとんどならない。社会を変えるには、もう一歩踏み込んで、主張を政策や運動、実践に変えていく必要がある。政策形成や運動、実践は、主張を説く研究者自身が先頭を切って引っ張る場合もあるだろうが、それができない場合には政策立案者、運動や実践を行う者に「つなぐ」というやり方もある。いずれにせよ、本気で社会を変えようとするのであれば、主張を現実的な動きに結びつける過程も考えるべきであろう。

書　評

　このように言うと、「研究と実践とは異なるものであり、研究者の態度としては実践との間に明確な一線を引き、これを超えてはならない」と批判を受けるかもしれない。だが研究成果を社会に還元するという観点からすると、現実社会を分析して課題を発見する以上、課題解決の道筋をつける、あるいは解決能力を持った者につなぐことも、一つの責任の果たし方のように思われる。そうでなければ、ただの評論家で終わってしまう。

　本書の話に戻ろう。先に本書の特徴は提言を行っている点だと紹介した。一方、少々残念なのは、上掲の2点を除くと、他の章では提言内容が抽象的で、具体的なアクションに結びつけづらい印象がある。3章の山本薫子は避難者の置かれた状況を分析しながら「避難者間の分断を越えていく取り組み、長期的な生活再建を実現する方策」(p.87) の必要性を説くが、何をすればそれをしたことになるのか、示されていない。4章の高木竜輔もデータを駆使しながら避難者の課題を明らかにするが、課題克服の具体には立ち入っていない。6章の原口弥生は東日本大震災時に危機的状況を迎えていた東海第二原発の実情を明らかにしながら、その後の東海村の原子力ガバナンスに小さな変化の兆しを見出すものの、これを積極的な流れに変えていく道筋は示されていない。7章の青木聡子はいち早く脱原発に路線転換したドイツの事例を追いながら、日本への示唆を3点まとめているが、中身はかなり一般的な内容にとどまっている。8章の寿楽浩太は原子力の専門家に見られた「情報統制指向」を分析し、倫理的論難を超えた社会学的批判を試みながら専門知としての科学社会学者の役割を示している。これ自体は理解は出来るが、日頃から一般社会の中でそのような立場の専門家として認知されていないために現実社会で活躍の場が確保できないことについてはどう対処するのであろうか。終章の長谷川公一は、日本における原子力政策の転換（脱原発）を全面に打ち出すが、原子力政策の状況や転換可能性の解説、紹介はしているものの、これを読んで何をすればよいかがわかる話にはなっていない。

　主張を現実の動きに結びつけていかないと、社会は何も変わっていかない。論文をしたためて終わりというだけでなく、それ以外のところで研究者として何をするかが問われている。これは本書の著者達だけの話ではない。同じく災害の研究に関わっている評者についてもそっくり当てはまることであり、被災地では常に「あなたは何をしてくれるのか」という問いが向けられるのである。評者の場合、運動や実践の場にカウンターパートを探し、主張と実践との架橋を行うように努めている。もちろん、いつもカウンターパートが首尾良く見つかるわけではないし、主張が運動や実践に辿り着いても、いきなり社会が変わるわけでもない。それでも、社会学の研究者が、社会学のコミュニティ内でとどまって主張を繰り広げているだけよりは可能性が広がる。

　読了してみて、本書の解題に書かれている「社会学に立脚して、どのように有効な政策提言や、社会運動に対する支援や助言ができるであろうか」(p.ii) ということを、今一度考えさせてもらえる良著であったと感じた次第であった。

書　評

市川秀之・武田俊輔編
『長浜曳山祭の過去と現在——祭礼と芸能継承のダイナミズム』
（おうみ学術出版会　2017年）

築山秀夫

　長浜曳山祭は、昭和54年に国指定重要無形民俗文化財となり、平成29年には、「山・鉾・屋台行事」三十三件の一つとして、ユネスコ無形文化遺産にも登録された、400年以上の歴史のある地方都市祭礼である。本書は、その長浜曳山祭の現状の記録映像・記録作成を依頼された当編者の一人である市川氏が中心となって調査・執筆された『長浜曳山祭の芸能（長浜曳山子ども歌舞伎および長浜曳山囃子民俗調査報告書）』(2012、長浜曳山文化協会・滋賀県立大学人間文化学部地域文化学科編）の続編に位置する。報告書は、祭の概要、曳山狂言と囃子、平成23年の長浜曳山祭の現状に関する詳細な記録からなる報告篇と、9本の論考篇からなり、本書は、その論考篇をベースに、さらなる調査により執筆されたものである。調査において、祭礼を支える多様な組織や祭の厳格なしきたり等を目の当たりにした著者たちは、その異文化体験が大きなモチベーションとなったことで、本書のテーマを「祭を支える集団や人々を考察の中心に据え、近代・現代の地方都市においていかに祭礼が継承されてきたのか」(4頁）とされた。

　章ごとに簡単に内容を紹介したい。第一章では、長浜曳山祭の歴史及び祭を支える諸組織等を概観し、第二章では、祭礼の神輿をかつぐ七郷と呼ばれる地域が、長浜町が経済発展を遂げる中で表象されていくことを明らかにし、第三章では、囃子の伝承の変容とその意味について考察、脇役の囃子が、女性や山組町外居住者の祭への参加回路を提供している構造や、笛の吹けないシャギリ方というパラドクスを解いてみせた。第四章では、囃子保存会が設立される以前の囃子を通して、都市部と周辺農村との社会関係を、主に昭和一桁世代をインフォーマントとした調査によって明らかにした。第五章では、三味線弾き伊吹甚造と浄瑠璃語り太夫宮川清七に関する資料分析により、半農半芸能者の広域的な活動が捉えられた。第六章では、歌舞伎の振付による芸能の地方伝播の構造について、中間極としての在地の芸能者が面的展開を支えたことを示した。第七章では、山組若衆の担い手の変容について、現在の山組若衆の多くが山組のある実家から他出、町外に居住しながら、親から役職を継承している状況、若衆の役職リクルート構造、強連結のない若衆リクルートによる課題など、人口減少社会に突入した地方都市の祭礼が直面する課題について考察している。第八章では、若衆と中老間のコンフリクトの持つ劇場性や潜在的機能、祭を構成するのは舞台上の役者だけではなく、舞台外の役者（若衆、中老など）であることを示した。そして、終章では、ウチとソトという概念で全体をまとめている。

　本書の成果は、まず、地方都市祭礼の構造を都市とその周辺地域との交流のなかで詳らかにしたことである。次に、祭礼がルールや内容を絶えず更新しながら継承されることでサスティナビリティを担保していることを、長浜曳山祭のような大掛かりな地方都市祭礼のなかにとらえたことである。この点を説得的に提示し得たことは、本書の意義の一つであり、ま

書　評

さに、それこそが、本書のタイトルにある祭礼と芸能継承のダイナミズムの本質なのである。他にも、本書は、地元公立大学である滋賀県立大学の地域貢献の成果であり、同学部、大学院で学んだ卒業生がその執筆者に並んでいることも特筆すべきことと思われる。

　さて、従来の祭礼研究は、地域の共同性が祭礼によっていかに構築されたのかを問うていた。第八章で述べられているように、祭礼研究は、地域社会の再生や共同性・関係性の構築を強調する「予定調和的な偏り」に陥ることを避けなければならない。しかしながら、それは、祭礼研究と都市研究を分離して議論するということではなかろう。地域社会学的観点からすれば、祭礼の担い手や組織を、その地方都市の社会構造や変動のなかに位置づけて分析する必要性を感じる。

　舞台である長浜市は、今では他の地方都市から視察が途絶えない、まちづくり会社による中心市街地再生の成功事例として、「黒壁」で有名な都市である。この間、曳山祭の外の舞台そのものが大きく変容しているのである。「黒壁」を巡るまちづくり研究には、矢部による一連の分析があるが、長浜市の中心市街地再生過程は、「生態学的には、『黒壁』という新興勢力による、「山組（商店街）」の文化的経済的中心部分独占地区への侵入過程」として解釈できるとし、その原動力は、「都市中心部の同質化状態から異質性を内包することによって生じたダイナミズム」であるとしている。現在の長浜のまちづくりでは、多くの店舗が、「地権者」から土地を借り受け、『黒壁』が仲介し、土地の所有と利用を分離させ、利用者が新たな担い手として活躍している。そのことが長浜の中心市街地を活性化させている。そのような舞台の変化は祭にどのような影響を与えているのか。利用者が地縁により祭の担い手となっていくことで、将来的に地権者のボリュームを超えることになるのか。また、祭の持つ閉鎖性より、開放性やクリエイティビティという特性がまちづくりそのものにいかなる影響を与えるのか。その相互作用はいかなるものか。市川氏が「長浜曳山祭と黒壁スクエアは現在の長浜を特徴づける両輪とでもいうべき存在である」と言われるが、現在のまちづくりと曳山祭の関係についての分析はなされていない。都市祭礼における社会関係を分析しながら、一方で、地方都市の構造変動を同時に捉えれば、それらを予定調和にならずにとらえることができるのではないか。例えば、第二章において、山組が祭を担当し、七郷が神事を担当するという現在の役割分担は、昭和30年代初頭、政教分離の観点と補助金削減、その対応としての祭礼における神事と観光の分化過程で明確化されてきた可能性があるという指摘がされている。商業者が多い山組は、曳山祭の中心として、補助金対象の観光イベントの主体となり、宗教行事としての神事の中心は周辺部の七郷となった。今では、祭の明確な役割分担が伝統的に形成されてきたとする視線はフーコー的な遡及的再集合化の一つであり、零度に戻れば地域政策に端を発した、それほど昔ではない時代の行政対応の意図せざる結果だったと言える。祭本体を緻密に捉えても、このような理解に到達するのは困難であろう。

　実は、私は、この長浜曳山祭の舞台である長浜市出身である。幼い頃、『黒壁』の周辺で遊んでいた。曳山祭の囃子の音色は今でも耳に残っているし、毎年帰省もする。長浜曳山祭についての丁寧な調査と分析、その後の武田会員による精力的な研究、たいへん有難く、嬉しい限りなのである。本書の続編を期待するものである。

書　評

金子勇編著
『計画化と公共性』
（ミネルヴァ書房　2017年）

矢 部 拓 也

　本書は全10巻で構成される金子勇・長谷川公一企画監修の「講座・社会変動」の最終巻である。はしがきによれば，「講座・社会変動」シリーズは，1999年の日本社会学会大会後に企画会議がもたれ，金子・長谷川 (1993)『マクロ社会学：社会変動と時代診断の科学』の構成を10巻本に拡張し刊行される。断続的に2008年までに9巻を刊行し，最終巻の本巻を残すのみになるも，当初の担当者であった長谷川氏の編集作業が止まり，2015年8月に長谷川氏から金子氏に交代し，新企画を行い，新しい執筆メンバーに執筆依頼，18年を経てようやくシリーズ完結に至ったという労作である。

　評者にとって『マクロ社会学』は忘れられない一冊である。当時，大学生であった評者は，指導教員に，社会学を目指すならこれくらいのものを書けるようにならないと意味がないと言われ，『マクロ社会学』を手渡され，一気に読み，「都市化」の章が最も気に入った結果，都市社会学を目指し現在に至る。久々に，『マクロ社会学』を手に取ると，「都市化」の章には多くの書き込みがあるが，本書の元となる「計画化」の章はほとんど書き込みがなく，当時は全く関心が無かったようである。編者は変わってしまったが，長谷川は1993年に「計画化」の章で何を語っていたのだろうか。「本章では，「市場原理」との対比で計画化の意義と役割について原理的な検討をおこなったうえで，社会問題と社会紛争に焦点をあてて，政治社会学的な観点からテクノクラート的視点と市民的視角を対比し，計画決定過程の理念を考察してゆきたい」と述べ，日本の地域政策の特徴として中央集権的な決定システム批判と，「むつ小川原開発」，新幹線や空港，原子力施設などの巨大な国家的プロジェクト批判を行い，最終節で「いまの社会学や社会科学にもとめられているのは，このような「持続可能な社会」への転換をうながすようなシステムづくり，制度の設計である。いいかえれば，＜成熟社会＞＝＜共生社会＞へのソフトランディング，（中略）がもとめられている。（中略）成長管理型の共生社会への転換，ソフト・ランディングは，高度な調整能力を必要とし，決して容易な道ではないだろう。（中略）けれども私たちは社会学や社会科学の無力さへのニヒリズムを超えて，ピースミールな努力の積み重ねによって，これらの課題のために前進していかなければならない。制御不能な混乱を抑止し，未来を切り拓いていくのは，こうした地道な一歩一歩の歩み以外にはありえないからである。」と締めくくっている。

　もし，幻の長谷川編著『計画化と公共性』が刊行されていたならば，この地道な一歩一歩の歩みが展開されていたのだろうが，日本における歩みは見つけられなかったか，はたまた，ニヒリズムに陥ってしまったのか。海外の環境問題や国際会議なども積極的に取り上げ研究を重ねている長谷川氏の計画化の見通しを読むことが出来なかったのは残念である。

　それでは，金子版の『計画化と公共性』はどのように展開されているのだろうか。「序章　計画原理としての持続可能性とユニバーサル基準（金子勇）」において，基本的視座を

示した上で，「第1章　第二の近代における公共性と正義（友枝敏雄）」「第2章　政策評価とソーシャル・ガバナンス（三重野卓）」「第3章　社会的共通資本と都市社会の公共性（金子勇）」「第4章　災害対策と公共性（田中重好）」「第5章　モダニティ・共同性・コミュニティ：「生きられる共同性」再論（吉原直樹）」「第6章　地域コミュニティにおける排除と公共性（松宮朝）」「第7章　家族研究と公共性（米村千代）」と，安定感のある社会学者が執筆し，それぞれの長年研究してきた領域をベースに議論が組まれている。しかしながら，こういった多数の執筆者に原稿依頼する場合の問題として，序章で，金子が，マクロ社会学の「持続可能な社会」を受けてか，長谷川環境社会学批判か，サスティナビリティ論の逆機能として，「毎年の年中行事であるコップ大会での世界的な二酸化炭素削減の合意と，日本の東北地方での二酸化炭素排出の容認がどのように「持続可能性」につながるか，地球温暖化論者は沈黙したままである。／被災した東北地方のエコシステムを回復するためと同時に，他の地方でも経済的再開発やコンパクトな都市再生に不可欠な社会的共通資本造成の基本計画においても，環境志向と経済開発志向の両立は不可能に近い。「持続可能性」に伴うこのような社会的ジレンマ問題への配慮が，これまでの経済学を軸とした社会科学系の地球温暖化論者には欠けていた。」と重要な視点を提示するも，自身の3章では取り上げるも，震災を取り上げる4章の田中や5章の吉原とはほぼ関わりなく議論が進んでいる点が残念であった。加えて，2章の三重野を除いては，本書の中心的議論は「計画化」というよりは「公共性」の議論が中心となり，読み応えはあるが，マクロ社会学のテーマであった「計画化」の議論はあまり展開されていない。むしろ，間に挟まれている「コラム　隣接領域との対話」の方が，コンパクトでありながら，長谷川がマクロ社会学の最後に述べた地道な一歩一歩の歩みが描かれている。特に，板野達郎（社会工学）「集合行為ジレンマと市民的公共性」「反テイラリズムの公共組織改革」「ミニ・パブリックスは，討議民主主義の実現の手段になりうるか」の3つのコラムと，青山泰子（公衆衛生学）「健康増進計画と公衆衛生学的アプローチ」は，社会学者が馬鹿にしがちな計画の実践的な手法に基づいた議論をコンパクトにまとめており，現在の計画化の到達点が分かり，社会学者であればここからいろいろと議論を発展したくなる誘惑に駆られ，稲月正（NPO研究）「NPOによる計画化と公共性の創出：北九州でのホームレス支援を例に」は実例を挙げながら，社会学者好みの公共性の矛盾点も含めて指摘しており，計画化の現在と進むべき方向性が示唆される。

　『マクロ社会学』のはじめには「おそらく多数の執筆者が1章づつを分担執筆するやり方で，本書をつくることも可能であったかもしれない。専門分化が進んだ今日では，むしろそれが通例である。けれでも，それでは9つのトレンド間の結びつきが見えるような，まとまったメッセージをもった「時代診断」の見取り図を提示することは困難であろう。私たちはあえてふたつの頭で，いわば二人の対話で「一冊の本」を書く道を選んだのである」とあり，本書でもこの姿勢が取られなかったことが，マクロ社会学ファンとしては残念でならない。

書　評

渡戸一郎編集代表
『変容する国際移住のリアリティ──「編入モード」の社会学』
（ハーベスト社　2017年）

徳　田　　剛

　本稿で取りあげる『変容する国際移住のリアリティ－「編入モード」の社会学』（ハーベスト社、2017年8月刊）は、アレハンドロ・ポルテスらが米国で1990年代に提起した、移民の「編入モード（mode of incorporation）」の枠組を用いて、東アジアにおける国際移住の変容を捉えようとするものである。編集代表の渡戸一郎によれば、近年の米国におけるニューカマー移民研究においては、古典期より前提とされてきたシンプルな「同化」論ではうまく説明できないケースが出てきており、ホスト社会への適応・同化と移住先での出自の民族文化や価値観の保持のバリエーションによって、多様な形でのホスト社会への適応や統合の形態が示されるという（「はじめに」）。それらを説明するために彫琢されたのが、ポルテスらによる「分節同化理論」であり、その理論枠組として「編入モード」という考え方が導入される。同書の各章は、この「編入モード」というアプローチを念頭に置きながら、各論者が日本国内や韓国・台湾・オーストラリアなどの事例を取り上げつつ、議論を展開している。

　本書の構成は以下の通り。序章では国際移住の世界的な動向と本書が依拠する「編入モード」という考え方の概説がなされる。各章はこの枠組みを踏まえつつ考察されており、Part.I「家族・女性」（在台・在韓日本人女性、離婚経験のある在日韓国人女性、在豪日本人親子）、Part.II「教育」（在豪難民、在日ブラジル人第二世代）、Part.III「地域社会」（ブラジル人集住地域、外国人準集住地域）、Part.IV「政策形成」（日・韓の移民政策）、Part.V「多文化受容性」（日・韓の意識調査の分析）という形で5つの部、12の章が配置されている。

　本書が依拠する「編入モード」は、①移民の個人的な属性（人的資源）、②移民を受け入れる社会環境、③移民の家族構造といった説明要因によって、移民（集団）の多様な移住経路と経済的編入プロセスを説明するものである。地域社会学の観点からすれば、ホスト社会のありように関わる「②移民を受け入れる社会環境」の詳細に興味が惹かれるが、ポルテスらの枠組では、[1] ホスト国政府の移民政策、[2] 一般の人々の移民受入に対する態度、[3] エスニック・コミュニティの存在の3要素によって説明される。

　移住者のホスト社会への定着や社会参加、ホスト住民とのつながりの形成などの営みが目指すところは、それぞれの移住者がいかにして「コミュニティ感覚あるいは居場所の確保」（92頁、4章）へとこぎつけることができるか、につきるであろう。そこでは「聞いてもらいたい欲求」の充足（100頁）、「安心感」や「承認感」の提供（109頁）などがなされ、外国からの来住者が安心できる場所、かつ困りごとを相談できる希少な場所となる。その重要性は、国際結婚移住女性（1・2・3章）や移民第2世代の子ども・若者（4・5・6・7章）であれ、請負労働者や技能実習生などの就労者であれ変わりはない。問題は、そのような「居場所」が移住先のどこで、どのような形で確保されるかである。

　ここでホスト社会としての日本に目を向けると、ポルテスらが念頭に置いていた米国の事

情とは多少なりとも異なる点を指摘できる。第9章で「日本政府の移民政策は外国人の受入に対してきわめて制限的、つまりは閉鎖的である」（186頁）と指摘されているように、日本政府は移民の受入および入国後の定着や社会参加を促す「社会統合」への取り組みに積極的とは言えず、それに関わる諸課題は各地の自治体および地域社会の所掌事項とされている（8章）。したがって、日本へやって来た外国人の「編入モード」においては、地方政府（都道府県や市町村）の政策内容の違いが少なからず影響を与えるだろう。自治体が外国人住民の受け入れや支援にどこまで熱心か、そのための予算やマンパワーをどの程度割いているかによって、「編入プロセス」のありようと「居場所」の確保の成否は大きく変わってくる。

　また、日本の入国管理制度や在留資格の縛りによって、多くのニューカマー外国人は就労先や居所を自由に選べない形で日本に定住する。そのために、移民の割合が高い国々と比べると日本でのエスニック・コミュニティの形成は抑制されやすく、その規模も大規模なものとはなりにくい。古典的な移民理論では、エスニック・コミュニティが新来の移住者にとっての緩衝材や適応促進装置の役割を果たし、ホスト社会へのスムーズ適応を助ける（場合によってはエスニック・コミュニティが初期の「居場所」となる）ことが想定されている。しかし、評者の主要な調査地である地方部では特にそうだが、外国人住民の散住地域などエスニック・コミュニティの形成が難しいところでは、彼ら・彼女らの支援拠点や「居場所」づくりにおける、地方自治体や各種支援団体とそのキーパーソンらの介在が不可欠である。

　ポルテスらの分析枠組は、複雑かつ多様な移住者の「編入モード」を複数の説明変数から読み解いてくれる優れた説明図式である。しかしながら、日本の「編入モード」を考える際には、「福祉政策の分析が欠如している」（161頁）といった指摘とともに、地方政府の政策傾向やローカルな社会が有する活動資源（組織、マンパワー、予算等）の影響力を加味するなど説明変数の"補正"が必要、というのが評者の見解である。その点では、5章や8章では、日本の多文化共生政策を下支えしている地方自治体や各種支援団体の"苦境"が的確に描出されているし、豪州のプレイグループ（3章）や難民受入校（4章）、韓国の多文化家族支援センターなどの支援団体の諸活動（1・10章）についてのレポートなど、それらを支える法制度や現場の運営体制も含め、同書には多くの貴重な参照事例が示されている。10章で詳述される、韓国での基本法制定とそれが移民支援の現場に与えた影響についての考察も重要である。日本の移民政策の問題点の1つとして「基本法の不在」を指摘する声も多い。韓国では基本法の制定とともに外国人支援事業への分厚い予算措置やプログラム内容が整備されたが、その一方で、支援対象者の厳しい「選別」や法制定以前から活動してきた市民運動団体の活動自由度の低下など、法整備に伴うその副作用の存在が指摘されている。

　本書評は、安倍政権による出入国管理法の改正論議の真っただ中（2018年11月下旬）に執筆された。国のあり方の根幹に関わるが先の見通しを付け難い一連の改革への、あまりに拙速な政権側の進め方にはあきれるばかりである。新たな在留資格や就労状況において重大な人権侵害や不当労働が起こらないかどうか、「入国後は現場（地域社会）に丸投げ」の現状のままさらに多くの外国人が押し寄せた時の受け入れ側への手当てはどうなるかなど、懸案は山積している。こうした状況を鑑みても、東アジア地域の移住者と支援者のありよう、各現場の実践とそれを支える制度設計の記述が豊富な、本書の内容から学ぶところは多い。

書　評

藤山浩編著
『「循環型経済」をつくる』（図解でわかる　田園回帰1％戦略）
（一般社団法人　農村漁村文化協会　2018年）

佐 藤 彰 彦

　編著者の藤山浩氏は、通称「増田レポート」によって示された「市町村消滅」の危機に対し、「UターンやIターンによって年間に地域の人口の1％程度の定住増を実現」することによって、「人口安定化」をはかることが可能としている。「人口安定化」とは、30年間で当該地域の総人口と年少人口の減少が1割程度におさまることで、そのためには次の3点が欠かせない。すなわち、「①20代前半の若者、②30代前半の夫婦（4歳以下の子どもを同伴）、③60代前半の夫婦の3世代の移住者の増加」である。

　本書では、今日の地域経済の衰退の原因は、域内所得の域外への流出にあり、この構造を変えること──地域内の経済循環による所得増加──で「人口安定化」をはかり地方消滅を防ぐことができるとし、その実現に向けた考え方や方法論が紹介されている。

　前半では、域外へ所得が流出している地域経済の構造を説明した上で、「地域経済循環」の必要性が述べられる。「地域経済循環」の状況把握と将来的な経済振興や人口安定化を分析するための手法と実例が示されたのちに、「家計分析」や「定住促進シミュレーション」などの分析手法、食料とエネルギーに着目した地産地消の取り組み事例をとおした「定住実現可能性シミュレーション」が示される。このような取り組みによって、経済・人口・環境の持続性を横断的にすすめるための体制や評価のあり方が論じられ、その際、行財政の分野横断的な「地域全体の連結決算」という考えが提示される。

　後半では、高齢化や過疎化と深くかかわる社会保障分野の費用（予算）状況を把握した上で、これらの抑制・削減とともに、定住促進をはかるための方法論やシステムが提示され、最終的に、「持続可能な地域社会の転換」に向けた「30年構想プラン」が提示される。以下では、後半の内容にふれながら所感を述べていきたい。

　藤山氏は、社会保障は高齢化が進む日本における「最大の『産業』」であると同時に、介護費用等の福祉予算が地域の財政を圧迫することから、その実態を把握・分析する作業をとおして財政負担を軽減すべきとしている。第6章では、介護費用が全国平均を大きく下回っている山口市山間部の事例が紹介され、「年をとっても、一人ひとりの出番と役割をみんなで創っている地域社会」に注目すべきとの指摘がなされている。しかしここでは、「地域経済循環」を実現する上で、地方財政を圧迫する介護費用を最大の課題としながらも、その実態については、事例にみられる地域間格差の提示にとどまり、事例のなかで介護費用が抑制されている要因や社会的構造などにかんして分析・言及されていない点が残念である。

　続いて、こうした社会保障費の拡大や高齢者の移動手段の確保など、全国の多くの地域がかかえる問題解決の方法について論じられる。その手がかりとして、「合わせ技」と「地域全体の連結決算」をもちいることの重要性が指摘される。本書では「合わせ技」という用語に多義性をもたせているが、ここでは、「半農半X」のように一人が複数の多様な仕事をも

ったり、住民一人ひとりが提供できる能力の一部を集約・配分することを意味している。一方、「連結決算」は、たとえば、交通部門がかかえる財政赤字を産業や医療・介護など他部門の黒字と相殺することによって、「大きな黒字の連結決算を実現すること」を目指すものである。しかし、ここで示されているのは、概念や事例の紹介であり、先進事例として紹介されている複合型福祉施設（「合わせ技」）や行政区域内の集落等を対象に交付する包括的予算としての「一括交付金」（「連結決算」）も、1990年前後からすでに各地で導入されてきた手法で目新しいものではない。本文には明記されていないが、藤山氏の主張は次のように推察できる。地域における生産・消費行動の外部依存を改め、さらに、財政をもっとも圧迫している福祉関連の費用を抑えること——これは逆説的に高齢者の生きがい等の創出、ひいては介護予防に資する——により、マスとしての地元所得が向上する。この向上分で養えるだけの人口をUターンやIターンによって増やすことが可能である。

　これまでに示された「地域経済循環」の実現に向けた基本的な考えが整理されたのち、本書のしめくくりとして、「持続可能な地域社会を創る30年構想プラン」が紹介される。いうまでもなく、30年という設定は、「増田レポート」に示された2010年以降の30年間をふまえたものであるとともに、世代交代のスパンを政策に加味し、持続的な世代再生産を意図したものだろう。

　この構想実現に向けて重要な点は、人々の一次生活圏である「循環自治区」に「小さな拠点」を設けることである。「循環自治区」は「昭和の旧村」レベルのコミュニティ単位で、そこに、分野横断的に「合わせ技」を可能とする「小さな拠点」を整備するというものだ。その具体的機能・サービスとして、「産直市や地元レストラン、エネルギーステーション」が挙げられ、それらが「地産地消の循環機能を高め」、「郷の駅」という「幹線との結節点」の役割を果たし、地方都市中心部と連携することで、「人もモノも同時に複合輸送をする」ことを可能にするという。ここからは議論が大幅に飛躍する。「小さな拠点」が地方都市中心部の「広域ハブ」——コンパクトシティとして集約整備された地方都市中心部と解釈できる——と結びつくことで「定住循環圏」を形成するとしている。そのために、「小さな拠点」と周辺の交通結接点を結ぶ「アワーカー交通」（＝コミュニティバスなどのインフラ）を整備することによって、大幅な燃料費・輸送費が削減可能であり、こうして形成されるネットワークシステムが「中山間地域における実質的な所得増加をもたらす」としている。

　後半では批判的な所感に終始してしまったが、それは恐らく、本書が環境省の政策研究成果をもとに書かれていることによるところが大きいだろう。個人的には、「1％程度の定住増」は地域間でのパイの奪い合いに終始するのでは？域内の生産や購買を高めることは当該地域にプラスに働くとしても従来の産業連関など他地域の経済構造を破壊するのでは？有形無形の付加価値に着目した地域内外（都市〜村落間）の経済循環の可能性は？……といった批判に対して本書がどう答えてくれるのか期待を抱いたが、その答えを得ることはできなかった。しかしながら、本書は、これらのことも含め、「地域版家計調査」をもちいて経済循環をとらえることの可能性、「地域経済循環」の可能性と実現に向けた手法など、非常に興味深い考え方や方法論など示唆に富んでおり、今後の研究活動において多角的な視野から考えさせられる内容であった。

書　評

石田光規編
『郊外社会の分断と再編──つくられたまち・多摩ニュータウンのその後』
（晃洋書房　2018年）

速水聖子

　本書は、「地域住民のつながりのあり方の分析・検討を通じて、今後の地域社会の持続可能性について考察する」ことを目的とし（p.1）、戦後の大規模な宅地開発を経験した東京都多摩市の5つの地区を対象として実証的に分析したものである。舞台である多摩ニュータウンは、1970年代にいわゆるあるべき地域社会としての「コミュニティ」を体現する場所として脚光を浴びたことは周知である。1990年代以降、急速な高齢化とともに都市の「限界集落」とも呼ばれ、高齢者福祉の観点から郊外社会は再度注目を集めており、そういった問題関心の延長線上に本書も位置づけられるといえよう。また、高齢化への対応策が「地域の互助関係」として過剰な期待が寄せられることに対し、「つくられたまち」である郊外社会の地域のつながりの実情を分析することによって、近年の「社会福祉の地域化」を批判的に検証している点も本書の特徴の1つである。全体の構成は、第Ⅰ部「開発の帰結としての住民の分断」（1章～4章）と第Ⅱ部「持続可能な地域生活に向けて」（5章～8章）の2部構成である。第Ⅰ部では、2つの質問紙調査データの分析を中心に「地域のつながり」が比較されている。1つは、郊外社会を宅地開発の違いから類型化し、既存集落との連続性を持つ①漸進開発地区（関戸）②混在地区（乞田・貝取）、一括開発された③戸建て地区（桜ケ丘）④賃貸・公営団地地区（愛宕）⑤分譲団地地区（鶴牧）の5地区で実施された「まちづくりと福祉に関する調査」である。もう1つは「小学校教育と地域生活に関する調査」で通学区域再編の対象となった5つの学区に住む小学4～6年生の児童の母親を対象としたものである。内容について紹介しよう。

　第1章では、全国調査と5地区調査の結果から、郊外住民にとって「一定以上の濃密さをもつ関係」は家族・親族と友人が主であり、地縁関係は乏しいことが示される。続く2章では、住区ごとに開発年次や住宅階層が元々異なる多摩ニュータウンにおいて、特に住宅階層問題が顕著である愛宕地区を対象に、都営団地の高齢化と他地区との分断状況を住民の語りを通して明らかにしている。公営住宅法の改正がもたらす新たな住宅階層問題として、単身高齢者や母子家庭などの住宅困窮者が都営住宅に集住する公営住宅のセーフティネット化に言及している。3章では、5地区の社会階層の特徴を詳細に分析し、階層格差がどのような要素によって左右され、それによって生活満足度がどのように影響されるのかについて述べている。地区内あるいは地区間の社会階層の格差を配慮しつつ、多様な属性を持つ人々の地域活動への参加を高めることが地域のつながりに重要であることを示唆している。4章では、少子化に伴う小学校の統廃合による多摩市の通学区域再編をめぐって顕在化した教育と住宅階層間の対立問題について質問紙調査のデータを交えて分析している。通学区域変更が住宅階層間の分断を先鋭化する面がある一方、新たな小学校での子どもたちの交流が階層間の融和や連帯の芽となる可能性にもふれている。

5章では、多摩市における認知症高齢者の見守りについて、地域住民によるもの・認知症高齢者と家族による当事者によるもの・公私協働の見守りネットワークの主体別に分析し、見守りが実行力のあるものになるために個別性・日常性・専門性を補い合うことの重要性を指摘している。6章は、乞田・貝取地区の乞田囃子連の事例を通して、郊外地域の地域祭りが、旧住民とその子ども世代だけではなく、新住民の参加にも支えられていることを伝統の再生と地域再編という視点から論じている。7章は、大学の郊外移転に伴って多くの大学を抱える多摩市において、大学と自治体との学官連携のあり方が「補助金ありき」から、実質的に資源としての大学の専門性が生かされる主体的な連携につながる可能性を述べている。8章は、ニュータウン再生の可能性を市民・民間・行政の3者による官民連携のエリアマネジメントやエリアリノベーションの手法から問うもので、公共空間を資源として有効にマネジメントすることによる効果について言及している。

　これまでの郊外社会論が、その均質性に言及されることが多かったことに対して、本書では開発形態の違いが郊外社会の多様性を生むとともに、さらには地区ごとの同質性が他地域との分断状況につながっていることが実証的に論じられている。現実の郊外社会は「地域福祉」の理念が「あるべきコミュニティ」として体現されているには程遠く、多くの課題を抱える状況にあることが第Ⅰ部の各章からもうかがえる。一方で、高齢者の見守りや地域の祭り等、現実的な地域での取り組みがつながりの契機となりえるか、また地域を超える多様な組織の連携が郊外地域再生の可能性につながるか、といった点で第Ⅱ部の知見は今後の郊外社会の行く末を前向きに見通す示唆となっているのではないだろうか。

　評者は、終章において地域社会の持続可能性を問う上で主体の「市場的なもの」と「連帯的なもの」のバランスが指摘されている点に大いに共感を覚えた（p.213）。そもそも、郊外社会は、経済成長期に「生活の市場化」をけん引する労働力再生産の最前線であるとともに、女性を中心とした様々な市民運動による「生活の連帯」を体現する場として注目されてきた。特に、子どもの存在は、子育てや教育を通じて人間関係を地域に回帰させることも多いが、義務教育から学区を超える私学通学も少なくなく、公教育への信頼が他地域に比べて低いであろう首都圏の郊外社会ではどうなのだろうか。子育てや教育の市場化が進むことによって、郊外社会はますます分断や階層が再生産されてきたようにも4章などからは感じられる。生活の市場化を前提とする現代において、6章にあるような祭りの事例をさらに超えて、生活の共同や連帯につながる契機をどのようなところに見出せるのか、評者を含めた地域社会学者が本書の著者らと共有する大きな課題である。

書　評

金　善美著
『隅田川・向島のエスノグラフィー──「下町らしさ」のパラドックスを生きる』
(晃洋書房 2018 年)

下村恭広

　東京都墨田区の向島界隈で、複数のまちづくり運動が重なり合いながら展開してきた過程を分析したエスノグラフィーである。向島は隅田川を挟み浅草と隣り合う場所で、関東大震災以降、日用雑貨を下請け製造する町工場を核に、高密度の住商工混在地域となった。本書はこの街を、脱工業化以降の都市空間再編が進むインナーシティの典型とみなし、東京の下町に生じた経済的・象徴的な変容という文脈に位置付ける。向島では、都市計画家たちが防災まちづくりの革新を期待したり、文化政策に基づく諸事業が集中的に試みられたりしてきた。そのため、脱工業化は下町の消失へ単純に至ったわけではない。むしろ新規来住者も含む様々な立場によるまちづくりを通じて、新たなローカル・アイデンティティの構築が繰り返された。ただしそのアイデンティティは、観光客向けに単純化された「人情共同体」の下町ではないし、そもそも固定的な形象を結ぶこともない。流動性の高い現代都市におけるローカル・アイデンティティの構築は、「地域の活性化を図りながらも行き過ぎた空間の商品化を警戒し、それでいて多様化する住民層の間で最小限の合意点としての地域というバウンダリーを絶えず描きなおす」(p.15) 困難な過程となる。本書で言うまちづくりは、地域の境界が不鮮明になるなかで、その可変的で多様な構成員それぞれにとって望ましい地域社会の実現を目指す活動ということになる。

　著者は 4 年間の参与観察に基づき、様々なまちづくりがいかなるローカル・アイデンティティを追求し、それぞれいかなるパラドックスを抱えるのかを明らかにしている。向島で 1980 年代以降に相次いで進んできたまちづくりは、出現の順に工業振興のまちづくり、防災まちづくり、文化創造のまちづくり、独立系自営業者の地元づくりに分けられ、それぞれに 1 章が割かれて解説される。これらは行政の施策の変遷を中心に概要が示され、次いで人々がどのような理解に基づき関わっているのかが語られる。叙述の焦点は、まちづくりを担う諸主体の属性や立場の違いが、ローカル・アイデンティティをめぐっていかなる連携や対立へといたるのかにある。その意味で本書が目指すのは、まちづくりを進める諸集団を個別に把握しその知見を積み重ねるというより、脱工業化に伴う都市空間再編において、地域社会に関わる複数の活動が交錯する「社会空間」の詳述である。それは運動主体の内発性／外発性、ローカル・アイデンティティの狭域性と広域性という二軸が交わる四象限図としてまとめられる。この視覚的表現から、4 つの類型の並列的な提示に見えるかもしれない。しかしこの構図は近年の動きから遡って工業振興と防災のまちづくりが位置付けられており、またその視角から捉えられていることにこそ意味がある。

　一例として、防災まちづくりをめぐるパラドックスの記述を紹介したい。そこでは、防災まちづくりを単体で検討する際にはあまり言及されない論点が含まれる。防災まちづくりのパラドックスは、都市計画批判の立場から専門家が発見し評価した木造密集市街地（モクミ

ツ）の価値と、長く住み続けてきた人々が抱く「普通の町」への願望との間に生じる亀裂である。著者は「普通の町」への願望を、「向かいの家に住む人のお風呂での歌声」が聞こえ、逆にこちらが「朝まで起きていることを気づかれたり」するなかで実感する（p.109）。こうした経験が捨象されたところで称揚されるモクミツとそこに息づく人間関係の価値は、下町ブームや昭和ノスタルジーの一環へと容易に回収されかねない。モクミツの評価をめぐる亀裂が強まるのは、90年代の墨田区でハード面の整備が退潮し、かわって修復型・住民参加型の手法によるソフト面でのコミュニティ形成が中心となったことを経て、やがてそうしたまちづくりの中心的担い手が高齢化し、マンションや建売住宅の建設が進む過程においてである。モクミツは再開発地域との対照を鮮明にしつつ希少な存在と化し、かえって地域外の人々を惹きつけることになった。これが、文化創造のまちづくりの始まる背景ともなる。

　向島におけるまちづくり活動の抱えたパラドックスは、開発と保全をめぐるパラドックスとして総括される。それは、地域社会でつながりあっていた産業、生活様式、文化などの諸要素の連関が解体され、再配置される過程がもたらした。脱工業化やグローバル化に伴う都市空間再編は一様に進むわけではない。防災から文化創造のまちづくりへの転換などはジェントリフィケーションを思わせるが、本書が追究したのは「ジェントリフィケーションの要因を含みながらも、必ずしもそうした帰結に収斂しない可能性」（p.200）である。開発と保全のパラドックスは、こうした一般的な社会変動が地域で展開する際の具体的な現れ方を分析するための枠組みである。

　それでは向島のパラドクシカルな状況に、他と異なる性格を与えている要因は何だろうか。本書がまちづくりと呼ぶのをためらったような、流動性の高い新しい自営業者が地域で育むつながりは、他の都市の街角でも似たものを思い起こすことができる。それらの共通性と差異がどのような地域的条件と関わっているのか、たがいに比べながら考えたいところだ。その作業は、これまでのインナーシティ研究における地域社会と都市構造との関連付けとは異なる視角が求められるだろう。その観点から興味深いのは、本書が都市の「空白」や「隙間」と呼ぶもので、建造環境の老朽化や放置をめぐる認識である（p.48）。向島に似た変化が見られる地域、たとえば大阪市のインナーリング、長野市、尾道市、あるいは国外での例として台湾の諸都市における注目すべき動きにも、この空白や隙間の発見がある。空白や隙間は、当該地域の新しい可能性の予感として見いだされる。いわゆるレント・ギャップ、つまり再開発の機会としての評価もそのひとつだが、本書はその可能性の認識のされ方が多様であることを示している。たとえばアーティストやクリエイターには、今後の創作活動にふさわしい場所として、また創作活動の一環として地域に関与できそうな実感として受け止められ（pp.124-9）、自営業者としての生き方を選んだ若者にとっても、趣味の近い自営業者や顧客と出会えそうな場所の発見として経験されている（pp.158-67）。都市の空白や隙間は、場所の客観的状態というよりも、可能性の認識が共有される事態である。向島ではここに、防災まちづくりの孕んだ意図せざる帰結も関わっている。つまり空白や隙間の認識は、建造環境の老朽化によっておのずから成り立つのではない。それが生み出される固有の経路とタイミングがあるのだ。このような空白や隙間の発生や展開として、都市構造の変動を検考え直す必要がある。

書　評

小山弘美著
『自治と協働からみた現代コミュニティ論──世田谷区まちづくり活動の軌跡』
（晃洋書房　2018年）

三 浦 倫 平

　本書は、「まちづくり先進自治区：東京都世田谷区」における市民活動を研究対象として、「協働」の実態や課題を明らかにすることを試みた力作である。

　90年代以降、コミュニティの理念型として「協働」が論じられてきた一方で、その実態は十分に論じられてこなかったとして、筆者は市民活動に焦点を置き、「協働」の実態や課題を明らかにすることを試みている。具体的には、市民活動がいかに行政と「協働」しているのか、そこでは何が課題となっていて、何が今後重要になってくるのかという点について、協働型のまちづくりを70年代から進めてきたトップランナーである世田谷区の市民活動（羽根木プレーパーク、太子堂まちづくり、まちづくりファンド等）の現在までの歩みを事例に分析を行っている。また、「協働」の実態の検討を通して、市民活動が地域コミュニティの形成にいかに寄与してきたのかという点を明らかにすることも本書の目的として設定される。

　以上の本書の問題設定は、地域社会学が今後も論究していくべき重要なものであると言えるだろう。理念的に語られる傾向の強い「協働」が、実際にはどのような課題を抱え、何が重要になってくるのか、というアクチュアルな問いについて真正面から論じている社会学的な研究は管見の限りでは近年見当たらない。また、「市民活動が地域コミュニティの形成にどのように寄与しているのか」という問いはかつてのコミュニティ形成論の重要な問いを改めて現代の文脈で再検討するという点で理論的にも重要な問いであると言えるだろう。

　以上の点で本書はこの分野で参照されるべき重要な研究であると言えるが、今後検討すべきポイントも幾つか存在する。本書の主張と併せて、その点について以下指摘したい。

　一つは、「記述の不足」である。各々の市民活動の展開について詳しく事実関係が明らかにされている一方で、その展開の社会的背景や要因については記述が十分になされていないように見受けられる。

　例えば、終章で、本書の目的の一つとして掲げられた「地域コミュニティに市民活動がどれだけ寄与したのか」という点について、太子堂まちづくりの事例から「市民活動が自治的行為を行う地域住民を育て、地域の中で自治的行為や、自治的活動を行う団体を増殖させていたのである。このような担い手が実際に年を重ねて地域の役を引き受けるようになり、町内会をはじめとする地域住民組織に参加するようになっていた」(242p) という形でまとめている。しかし、本書にとって重要なこの興味深い点について、十分な記述がなされていないように感じられる。

　こうした不足 " 感 " は、他の記述や分析にも感じることがある。これはおそらく二つの点に起因するように思われる。一つは視点の偏り、もう一つは経験的データの偏りである。視点の偏りとは、本書は基本的に市民活動の担い手の視点がほとんどで、それ以外の行政の視

点や地域住民組織側の視点が少ないということである。「地域組織との連携」も「行政との信頼関係」も「地域社会の理解」も、市民活動と対峙する側がどう捉えていたのかという側面が重要であるように思われる。特に、行政との「協働」の実態やその課題を明らかにするうえで、行政が「協働」をどう見ていたのかという側面も重要になってくるのではないだろうか。

　また、経験的データの偏りというのは、本書が基本的に活動主体の「語り」を主張の根拠としている点を意味している。「行政との信頼関係」や「地域組織との連携」を語る活動主体の「語り」だけで「実態」を論じている箇所が多いという印象がぬぐい切れない。その「語り」を補強するような経験的データの収集、分析があればさらに優れた研究になったと考える（例えば、「地域組織との連携」の傍証となるような人的ネットワークの構造など）。

　次に、より良い協働が行われる為には何が重要になってくるのか、という問いに対する主張についても議論の余地は少なからずあるように思われる。第2章で、行政と市民活動が制度に参加するだけの「協働」にならないようにする為に、「どうやって互いに主体性を保ちながら協働の場を確保することが出来るのか」「そのための制度とはどのようなものか」（47p）という問題設定を行っている。すなわち、協働の制度化が全て問題なのではなく、「互いに主体性を保つような協働の場を確保させる」ような制度化が期待されていると言える。

　この問題設定について、制度化は結局のところ、運動をとりこむような体制安定化の手段になる可能性はないのか、という批判も起こり得るだろう。本書ではこうした批判に対応できるような議論は必ずしも十分に展開されておらず、「協働の場」を生み出すのは「行政による承認」と「相互行為の継続」だというややトートロジカルな結論が終章で提示されたままで終わってしまっている（242p）。

　おそらく、この継続的な相互交渉が、制度化による包摂を回避させる重要な要素になると筆者は想定していると考えられるので、包摂と抵抗がせめぎあうような内実や、相互交渉がいかにして可能になっていたのかという背景についてのより深い分析があれば、結論がより説得的なものになったのではないだろうか。その際、継続的な相互交渉を行っていた行政職員の志向性も「協働」にとって重要な要素になってくると考える（特に、当時の世田谷区の「都市デザイン行政」という文脈に位置付けて分析することも可能だったように思う）。

　また、おそらく筆者の主張としては、持続性のある「協働」を確保するには制度的に位置付ける必要があるということなのだろうが、自治体自体に国から権限が十分に与えられていない状況で、そのような制度化はどれだけ可能なのだろうか。筆者は「住民自治」を基本的に念頭に置いて主張を展開しているが、「協働」の実態を捉えていく上では「団体自治」という側面からの分析も重要であったように思う。

　以上、やや外在的な指摘をしてしまったが、本書は今後の都市コミュニティやまちづくりを検討していく上で貴重なデータや重要な論点を提示しており、今後この分野で参照されるべき一冊であることは間違いない。

書　評

関　礼子編著
『被災と避難の社会学』
（東信堂　2018年）

今　井　　照

　編著者によるあとがきの中に「この非常時に社会学者が役にたたないとしたら社会学は無益だ」という言葉をかけられたことが記されている。おそらく本書はそれに対する解答の一つになるのだろう。

　本書は8章構成になっている。第2章に陸前高田市を中心とする三陸海岸沿岸の事例、第3章に石巻市石上町の事例が取り上げられているが、過半は東京電力福島第一原子力発電所苛酷事故に伴う被災と避難をテーマとしている。具体的な事例としては第5章で飯舘村民の集団申立、第6章には新潟県への原発災害避難者が抱えている課題が詳述される。

　これらの間を縫うように、第1章、第4章、第7章で編著者による課題整理と理論的な方向付けが行われる。第1章では、復興をめぐる「制度の時間」と、被災者の「生活の時間」がかみ合っていないために、被災者の生活回復が難しくなっていることが説かれる。第4章では、原発災害避難をめぐるさまざまな証言を解析しながら、失敗に学ばない社会構造の再生産について語られる。第7章では、原発避難者訴訟における争点の一つである「故郷喪失論」について考察を深めている。さらに終章の第8章では強制避難を経験し、被災に関係する住民運動を担ってきた経験者による所感が展開される。

　全体を通読すると、東日本大震災と原発苛酷事故に伴う「被災と避難の社会学」をまさに立体的に把握することができる。この「非常時」に関する社会学の到達点を示す好著である。

　2011年3月、私は福島大学に勤務していた。混乱と混沌の渦中にあって、私は研究者というよりは広義の被災者の一人として、いったい今、何が起きているのかを知りたかった。発災直後から、それまでの災害研究の文献や資料がネット上に無償公開され、むさぼるようにそれらを読んだ。研究成果としていちばん参考になったのは弘文堂から出ている「シリーズ災害と社会」で、多くが社会学者によって書かれていた。なにせそこに書かれていることが目の前で再現され、これから何が起こるかもある程度予想できた。そういう意味でも、私にとって社会学は「役」にたった。

　学問分野で言うと地方自治や公共政策、さらに大括りにすると政治学や行政学に属していた私は、研究者としては途方に暮れるしかなかった。政治学や行政学での研究成果としては、現在でも原子力行政とか官邸と東電との間の混乱などが主題になることが多く、目の前にある被災地や目の前にいる避難者との間には距離があった。しばしば被災者やその支援者から私に突き付けられる課題は、「なぜ行政は私たちの味方にならないのか」（日野行介『除染と国家──21世紀最悪の公共事業』(集英社新書) を読むと改めて実感させられる)、ということだが、それに対して、そんなことは「精度の時間」を体現する行政学では「あたりまえ」という身も蓋もない研究「成果」を披歴することになり、火に油を注いでしまう結果になる。

―94―

一方で訴訟を媒介として被災者を組織化しようとする動きも早かった。第7章でも触れられているが、ここには法学が関係する。もちろん訴訟一般を否定するわけではないし、已むに已まれぬ手段としてこれ以上のものは見当たらないが、訴訟の言葉になった途端に被災者が疎外されてしまう何かがある。たとえば裁判では「予見可能性」が争われるが、予見可能だったにもかかわらず対応しなかったから悪い、ということでは被災者一般の心情とずれていく。そもそも危険なものをそこに置いたこと自体の罪を問おうとすれば、むしろ予見不可能であること自体が罪に当たると言えるのではないか。しかし既存の法学ではそこを掬えない。訴訟や集団申立は重要な手段ではあるが、そもそも「カネ」をめぐる争いへ疎外されるから、勝っても負けても被災者一般の心情は救われない。

　福島の抱える課題が「語りにくさ」にあるとしばしば指摘される。私もこのこと自体には同意する。ただし、この「語りにくさ」は政治的、科学的に学習と理解を進めれば解消するというわけではない。二律背反がさまざまに組み合わさり、むしろ学べば学ぶほど一言では括れなくなってしまうところがある。一般的に学問は普遍志向なので、「語りにくさ」を整理しようとしてしまうのだが、とりわけ原発被災については逆効果になりかねない。おそらく社会学だけがそこから免れる可能性をもつ。

　本書では、混在する二律背反が構成上も生かされている。だから立体的な把握が可能になる。たとえば安全と危険、帰還と移住とは反対語であるが、ここではループする。行政や法の制度がこれらのループに対応できていないのは間違いない。そこまでは指摘できる。だが学問も同じである。だからこそ行政や法の制度もそうなっている。可能な限り「裁量」を排斥することが市民に対する公平と公正をもたらすとこれまで考えられてきたし、そのこと自体は間違いではない。そこで「生活の時間」と「制度の時間」をかみ合わせるためには、公平で公正な「裁量」という二律背反を成立させるしかない。

　そのためには、ある一定の方向に開いているのであれば、一律的・画一的な基準の公平や公正から逸脱した「裁量」であっても許容するという新しい制度概念を創出する必要がある。被災者による選択を尊重し、それに応じた支援をするという「子ども被災者支援法」の理念はまさにその萌芽であった。しかしその具体的な設計を政治が官僚機構に委ねた時点で、その芽はつまれてしまった。実態はともかくとして、理念的に行政では一律的・画一的の公平や公正からの逸脱を許容しないからである。これが行政学の「常識」なので、残念ながら行政学は現実に対して「役」にたたなかった。

　「役にたたない」「無益」だからその学問は不要であるとまでは言えないだろう。しかし現代では社会と学問の関係が問われる。古くから芸術や文化は「タニマチ（スポンサー）」によって支えられてきたが、おそらく現代の学問は市民社会によって支えられなくてはならない。この場合で言えば、被災者に支持されることが「役にたつ」「有益」という判断基準になるのかもしれない。

　とはいえ、被災者も多義的である。本書の巧みな構成はこのことに十分対応している。『〜の社会学』というタイトルにふさわしい構成である。本書が、二律背反を包摂する制度化という未知の領域への第一歩になることを期待している。

書　評

高橋典史・白波瀬達也・星野壮編著
『現代日本の宗教と多文化共生——移民と地域社会の関係性を探る』
(明石書店　2018年)

松　宮　　朝

　本書は、多文化共生をめぐる議論において看過される傾向にあった、宗教を中心テーマと
した共同研究の成果である。本書が編まれる大きなきっかけは、「まえがき」で述べられて
いるように、リーマン・ショック、東日本大震災という非常時において、平常時には必ず
しも目立つものではなかった宗教組織、宗教関係者による移民への生活支援が可視化され、
その重要性に気づかされたことにあったという（p.4）。本書全体を貫く問題関心は、序章
「『宗教と多文化共生』研究が目指すもの」(白波瀬達也・高橋典史)で示される通り、移民
と宗教の結びつきが主流社会と距離のある飛び地のような空間（ethnic enclave）を生み出
すだけでなく、多文化共生社会の推進力となる点にある（p.12）。もっとも、こうした宗教
の社会的包摂機能については、米国では「橋」として、ヨーロッパ諸国では「壁」とみなさ
れる傾向がある（p.14）ように一筋縄ではない。そこで、日本における移民と宗教のかかわ
りをとらえるために、同じ信仰を共有しつつも異なる文化的背景を有する諸集団が築く「宗
教組織内〈多文化共生〉」と、宗教組織、メンバーが多文化共生関連の取り組みに関与する
「宗教組織外〈多文化共生〉」という２つの類型を提示し（p.17）、この２つの類型をもとに
エスニック・グループ、宗派ごとに分析が行われる。まずは全体の概要を見ておこう。
　「第1章カトリックにおける重層的な移民支援」(白波瀬達也)は、「マルチエスニックな宗
教組織」であるカトリック教会による移民支援の長い歴史的展開と、教区、小教区など多様
なレベルによる重層的な移民支援を描き出す。さらに、リーマン・ショック後の南米系移民
の生活困難に対するカトリック浜松教会の取り組みを事例として、カトリック教会の持つ宗
教組織内〈多文化共生〉と宗教組織外〈多文化共生〉のあり方を論じている。
　在日ブラジル人社会の宗教をめぐっては、カトリック信徒の減少が進んでいるとされる。
こうした中、「第2章カトリック教会による宗教組織内〈多文化共生〉を目指す試み」(星野
壮)では、カトリック信徒の高齢化を背景に、在日ブラジル人を積極的に信徒として位置づ
けることにより、「モノエスニックな空間」になりにくいカトリック教会の宗教組織内〈多
文化共生〉のあり方と、こうした宗教組織内〈多文化共生〉の経験を、非常時の在日ブラジ
ル人に対する支援という宗教組織外〈多文化共生〉につなげる働きが論じられる。「第3章日
本におけるインドシナ難民の地域定住と宗教の関わり」(高橋典史)は、日本における宗教
界のインドシナ難民支援の歴史を踏まえ、定住化のプロセスにおける宗教組織内〈多文化共
生〉の取り組みが、宗教組織外〈多文化共生〉を支えた点が明らかにされる。続く「第4章
異文化をつなぐカトリックの媒介力」(野上恵美)では、神戸市・たかとり教会の事例から、
実践をめぐる困難を対話により乗り越え、ベトナム系信者への宗教組織内〈多文化共生〉の
取り組みと、宗教組織外〈多文化共生〉の分析が行われる。
　「第5章高齢化問題に取り組む韓国系キリスト教会」(荻翔一)では、大阪教会による在日

書　評

コリアン高齢者のニーズに対応した老人大学の宗教組織外〈多文化共生〉の実践と宗教組織内〈多文化共生〉が論じられる。「第6章被差別部落／在日朝鮮人コミュニティにおけるキリスト者の実践」(山本崇記)では、京都市のキリスト教社会福祉施設、希望の家を事例に、「よそ者」として社会福祉実践に寄与し、自ら住民となることを通して段階的に「地域化」を進めるプロセスと、地域社会側が担い手として受け入れていく「内部化」のプロセスが詳細に描き出される。こうした宗教組織外〈多文化共生〉とともに、宗教組織内〈多文化共生〉を論じたのが「第7章宗教関連施設を通じたフィリピン人移住者たちのネットワーク」(永田貴聖)である。ここでは、教会内の「フィリピン人コミュニティ」が他の移民、受け入れ社会の信徒との関係形成、地域との交流と接続されていく様子が描かれる。

「第8章ムスリム・コミュニティと地域社会」(岡井宏文)では、カトリックとともに「マルチエスニックな宗教組織」としての性格を持つイスラーム団体の活動の宗教組織内・外〈多文化共生〉の実践と、団体内部のサブグループの活動が分析され、特に後者の活動実践の重要性に注意を促している。「第9章地域政策理念としての「多文化共生」と宗教セクターの役割」(徳田剛)では、日本の「多文化共生」をめぐる地域政策の流れと「行財政のスリム化」の動きをおさえた上で、本書全体の内容を踏まえつつ、諸資源の自己調達、活動的拠点としての施設を有する宗教セクターの持つ「担い手」としての強みと可能性を示す。

以上、いずれの論考も、見過ごされがちだった多様なエスニック・グループ、宗派による多文化共生の実践を総合的にとらえるもので、多文化共生をめぐる議論において重要な貢献であることは間違いない。この点を確認した上で、ここでは地域社会学の視点から重要と思わる二点について議論してみたい。第一に、宗教組織内・外〈多文化共生〉とソーシャル・キャピタルの持つ関係性である。本書全体を通して宗教組織内・外〈多文化共生〉のいずれにおいても、「橋渡し」型のネットワーク形成を重視しているように思われる。これは〈多文化共生〉をめぐる議論においては重要なポイントであるが、あまり明示的に論じられることは少なかった「結束型」ソーシャル・キャピタルの持つ効果も、宗教研究者においては自明な点なのかもしれないが、宗教セクター特有の効果と言えるのではないだろうか。実際、第2章で述べられているように、在日ブラジル人にとって「モノエスニックな空間」ゆえに人気を集めるプロテスタント教会 (p.50) の存在はこの点を示唆するものであり、〈多文化共生〉の実践との関係について議論することが必要な点と思われる。

第二に、宗教セクターであることによるコンフリクトの存在である。第4章のキリスト像設置をめぐる対立 (p.98) と地域住民への配慮 (p.102)、第6章で描かれるキリスト者が、伝統的・保守的な慣習・規範が残る地域社会で活動するプロセスなど、「よそ者」である宗教者の「排除」への対抗が議論されている。「政教分離の原則」と、宗教に対するネガティブなイメージが一定程度存在する中で、地域社会と関係形成は、宗教実践の色彩を薄めるというジレンマも存在するだろう。多くの章で、現実の困難性と、今後の可能性で締めくくられているのは象徴的である。その意味で、各章で論じられるこうしたジレンマを乗り越える実践の記述と分析は、多文化共生をめぐる議論に限定されるものではなく、地域社会学における排除と包摂をめぐる議論に対しても、重要な知見を提起していると言える。

第12回（2018年度）地域社会学会賞の選考経過と受賞作の発表と選考結果報告

1. 受賞著作物

1) 地域社会学会賞

○個人著作部門

　　該当作なし

○共同研究部門

小内透編著『現代アイヌの生活と地域住民──札幌市・むかわ町・新ひだか町・伊達市・白糠町を対象にして』〔先住民族の社会学　第2巻〕東信堂、2018年

2) 地域社会学会賞奨励賞

○個人著作部門

前島訓子『遺跡から「聖地」へ──グローバル化を生きる仏教聖地』(法藏館 2018年5月)

金　善美『隅田川・向島のエスノグラフィー──「下町らしさ」のパラドックスを生きる』晃洋書房、2018年

○共同研究部門

　　該当作なし

○論文部門

山口博史「非大都市部への〈移住〉者による地域的ライフスタイルの受容──山梨県都留市での調査から」『地域社会学会年報』30号、2018年

2. 講評

○地域社会学会賞（共同研究部門）

小内透編著『現代アイヌの生活と地域住民──札幌市・むかわ町・新ひだか町・伊達市・白糠町を対象にして』〔先住民族の社会学　第2巻〕東信堂、2018年

　本書は、2007年開設の北海道大学アイヌ・先住民研究センターによる社会調査プロジェクトの成果を集成したものである。周知のように、これまで北海道アイヌの社会調査は大幅に遅れていたが、エスニック研究の知見を踏まえた独創的な調査（2008～2014年）を通して、当該地域におけるアイヌの人びとの現状と政策的な諸課題を多角的に明らかにしようとした本書は、共同研究として一定の水準を達成しているだけでなく、内容的にも高い意義をもつと評価できる。具体的には、北海道アイヌの大規模な生活実態調査と、5地域のアイヌ調査と地域住民調査によって、アイヌの人びとを特有の職に結果的に結びつけている「アイヌ労働市場」の存在や、差別への対抗戦略としての和人との婚姻など、民族内差別と民族間差別が複合的に関わり合う、それだけに外部からは見えにくく、一筋縄では解決しえない、

複雑な構造が丁寧に実証されている。

　本書は、調査者の立ち位置に一定の難しさを伴う先住民族（ナショナル・マイノリティ）の研究成果ということに留まらず、家族形成、教育・階層、労働、文化、メディア、民族間関係など、随所に地域社会学的な研究力が十二分に活かされている。その点で本書は、全体として北海道というポストコロニアルな地域社会のエスニック分析としても位置づけることができ、地域学会賞（共同研究部門）を授与するに相応しい研究と言える。

○地域社会学会賞奨励賞（個人著作部門）
◇前島訓子『遺跡から「聖地」へ──グローバル化を生きる仏教聖地』法藏館、2018年

　本書は、受賞者が10年以上の歳月をかけてインドのブッダガヤに通い、「仏教聖地」の構築過程とそこに生起する諸問題を、緻密な聞き取り調査と観察によって明らかにした力作である。本書の最大の功績は、多種多様な主体が対立と調整を通して「仏教聖地」を形成し、しかもそこにローカルな論理が生成・貫徹する実態を解明した点にある。本書に登場する主体の多様さは、尋常ではない。グローバル・ナショナル・ローカル／政治・文化・宗教・経済／仏教・ヒンドゥー・ムスリム／階級・カースト・土地所有・職業／開発・生活・信仰／伝統・近代等々。これら諸主体の思惑や行為・まなざしの重層や離反、抗争や妥協が、一つの寄せ木細工のような個性溢れる地域社会を形成し、変異させている。本書は、地域社会学における緻密な海外現地調査研究の重要性を改めて示している。また集落全戸調査を通して、伝統の崩壊が実は近代的文脈の中での伝統の再生であることを発見するなど、日本の地域社会学が培ってきた手法や視点を発展的に継承している。複雑な実態を安易に単純化して説明せず、丁寧に調査を深める姿勢は高く評価し得る。

　ただし残された課題も多い。本書が解明した諸事実は、現代社会が直面する宗教間の対立と共生、場所性や生活圏に関する理論的発展に貴重な示唆を孕む。それらに関する理論的考察は、未だ途上といわざるを得ない。今後の一層の深化を期待したい。

◇金善美『隅田川・向島のエスノグラフィー──「下町らしさ」のパラドックスを生きる』
　　　　　晃洋書房、2018年

　本書は、衰退と再開発が同時に進む墨田区向島のエスノグラフィーであり、4年間は「住み込みフィールドワーク」をしてきた著者の博士論文の公刊である。墨田区向島地区と言えば、かつてから防災やまちづくりのモデル地区としても調査されてきたが、著者は、脱工業化社会における「モノづくり」や木造密集家屋の防災まちづくり、アートプロジェクトなど現代的な向島の変化を追いながら、住民たちのローカル・アイデンティティに焦点を絞っていく。

　本書の功績は、向島のそれぞれのまちづくり運動から浮かび上がってくるローカル・アイデンティティの「下町らしさ」のずれを、「開発」と「保全」のパラドックスとして捉え、ローカルな実践とグローバルな動きやナショナルな問題との連動のかかわりの中でローカル・アイデンティティを捉えた点である。ローカルなものを見ようとすると「下町らしさ」という迷宮の中に迷い込む。そして、開発、再開発というジェントリフィケーションか、逆

にレトロ、ノスタルジーの中にアイデンティティを見出す方向の「二者択一」を迫られるのである。それをナショナル、グローバルの連動の中でローカル・アイデンティティを探し求める地元の動きを見出していこうとする著者の観察は当を得ているものと思われる。

韓国からの留学生として一橋大学大学院に進学し、向島というフィールドに入って、これだけの著作を仕上げた著者の努力と功績を称えたいと思う。

○若手奨励賞（論文部門）
山口博史「非大都市部への〈移住〉者による地域的ライフスタイルの受容——山梨県都留市での調査から」『地域社会学会年報』30号 (2018)

本論文は、非大都市部への移住者が、移住先のライフスタイルをどのように受容するのか、また受容に時間がかかるのはどのような局面なのか、というテーマについて、全国からの入学者を抱える大学が立地する地方都市を事例に、実証的な調査結果に基づき検討を行った作品である。「郷土食」や「無尽（山梨県で特徴的な形で残存）」について地域出身かどうかという居住歴の影響が強いのに対し、他の要因に関して県外出身者は地域的ライフスタイルを受容していく傾向があることが明らかにされた。結論は一見常識的なものとみえるかもしれない。しかし近年増加している移住現象の長期的な帰結を、印象論ではなくデータに基づき実に堅実な形でその特徴を論じている点で、本論文は高い評価に値する。他方で、大学立地都市としての特性、「郷土食」や「無尽」といったライフスタイル要因については、地域社会学の観点からさらなる分析が求められよう。

とはいえ本論文は、移住者論を地域社会研究として展開するための手堅い論点を示しており、地方都市が直面する実践的課題についても貴重な示唆を含む。今後の研究の一層の進展を期待して研究奨励賞（論文部門）を授与することにしたい。

3. 受賞者の言葉

○地域社会学会賞（共同研究部門）
小内　透（北海道大学）

このたびは、われわれの共同研究の成果を学会賞に選定していただき光栄に存じます。受賞の対象となった著作は、「先住民族の社会学」としてまとめた全2巻のうち、現代アイヌの人々を対象にしたもので、10年にわたる調査研究によってえられたデータをもとに、10人の執筆陣によって完成されたものです。

アイヌの人々は近世以降、厳しい差別や抑圧の対象になりました。差別から逃れるため、自ら進んで「和人」との結婚を通じて「血」を薄めたり、アイヌ語やアイヌ文化を否定したりした人々も少なくありません。それでもアイヌの「血」を引いた人々は北海道各地で日々の暮らしを営んできました。ところが、研究者のまなざしは、アイヌの形質人類学的特徴や「失われつつある」アイヌ文化にそそがれ、地域社会に生きる人々にはほとんど関心が寄せられませんでした。私や出身の研究室自体、北海道各地の農村や都市の調査を行ってきたにもかかわらず、アイヌの人々の存在を意識することはほとんどありませんでした。

1970年以降、国際的な先住民族運動が進められ、2007年に「先住民族の権利に関する国際連合宣言」が採択されて以降、わが国でもアイヌやアイヌ文化に対する関心がにわかに高まってきています。北海道大学にも2007年にアイヌ・先住民研究センターが開設されました。しかし、現代のアイヌの人々が体験してきた生活の歩みや現状が顧みられることは少ないため、私自身がアイヌ・先住民研究センターの兼務教員として関わるようになったのをきっかけに、アイヌの人々の実情を地域社会学の視点から明らかにしようとしてきました。

調査を行っている10年の間にも、アイヌの人々をめぐる状況は大きく変化しています。今回の受賞を励みに、地域社会学の視点から社会的に厳しい現実におかれている人々と彼らをめぐる状況の変化に焦点を合わせた研究を今後も続けていこうと考えています。

○地域社会学会奨励賞（個人著作部門）
前島　訓子（愛知淑徳大学）
　『遺跡から「聖地」へ：グローバル化を生きる「仏教聖地」』は、2015年に名古屋大学に提出した博士論文を基に、法藏館から出版したものです。論文部門での奨励賞をいただいた2013年から6年を経て、またこうして栄誉ある賞に著書を選出していただけたことは感慨深いものがあります。心より深く感謝申し上げます。

この本は、仏教最大の聖地として名高いブッダガヤにおいて、遺跡が、長年、宗教的緊張の争点となり、遺跡の管理や世界遺産登録以降の地域開発問題を孕む中で、そこに関与する利害や思惑の異なる諸主体がいかに「聖地」のあり方を問い、そして「聖地」を築き上げているのかを問うたものです。特に、ヒンドゥー教化した遺跡の仏教化をはじめ、仏教的関心から捉えられる傍ら、見落とされてきたヒンドゥー教徒やイスラーム教徒の社会に注目し、彼らが「場所」を問い、「聖地」再建に関わる主体と化す過程を追ってきました。

この研究をまとめていく上で、名古屋大学の社会学の先生方からの指導や助言をはじめ、国立民族学博物館や北海道大学スラブ研究所等において異なる専門分野の研究者との交流機会を得たことは、多くの学びにつながり、また学会奨励賞の受賞は大きな励みとなりました。改めて心よりお礼申し上げます。

現在、ブッダガヤは、世界遺産登録以降、増加し続ける国内外の巡礼者・観光客に加え、イスラーム教徒による爆破テロ事件等の新たに直面したグローバルな課題に、「聖地」としていかに向き合うかが問われています。同時に、遺跡に関わろうとする主体の多様化と、彼等の「狙い」や「戦略」が多岐にわたり現れつつあるなか、「聖地」は常に問われ、問い直される存在であり続けています。したがって、私の研究はこれで終わりではありません。この受賞を、さらなる研究の深化と展開につなげていきたいと思います。

○地域社会学会奨励賞（個人著作部門）
金　善美（同志社大学）
　この度は拙著『隅田川・向島のエスノグラフィー──「下町らしさ」のパラドックスを生きる』（晃洋書房）を地域社会学会奨励賞に選出していただき、大変光栄に存じます。本書の調査対象地である東京都墨田区・向島（むこうじま）地区に足を運ぶようになってからち

ょうど10年が経つこのタイミングで栄誉ある賞をいただき、自分がやってきたことに少し自信が持てそうです。

　向島の研究を始めたきっかけとなったのは、現代日本社会における「下町幻想」でした。どこか懐かしく、またほのぼのした温かい人情共同体。誰もがこのような「下町」イメージを共有しており、その喪失を嘆きはするけれども、一方でその先にある「下町」の現在は意外にもあまり知られていない。来日したばかりの外国人留学生であった私の目には、このことがとても不思議に映りました。このような疑問から出発した本書では、「下町らしさ」というローカル・アイデンティティの再構築を目指すまちづくり運動の展開を追うことで、矛盾や複雑性に満ちた都市空間としての東京下町をとらえたつもりです。また、学術的には、1980〜90年代のインナーシティ研究が残した魅力的な知見を踏まえた上で、ぜひ「その後」を見てみたい、続きが知りたいという強い気持ちがありました。

　本書の多くの部分は、2010〜2014年の間に行った住み込みフィールドワークで得たデータをもとに構成されています。向島においてこの4年間は、東日本大震災や東京スカイツリーの開業、再開発など、町の変化が目に見える形で急速に進んだ時期でもありました。その影響もあってか、調査期間中は多くの方が本書の研究に関心を示し、日々の仕事や生活が忙しい中、時間を割いて私の調査に協力してくださいました。この場を借りて、心から感謝申し上げます。本書を持って向島の研究は一段落したことになりますが、今後、自分なりの方法で少しずつ恩返しをしていくつもりです。どうもありがとうございました。

○地域社会学会奨励賞（論文部門）
山口　博史（都留文科大学）
　このたびは思いがけず拙稿を地域社会学会奨励賞に選定くださり、ありがとうございました。拙稿は調査地の特性をふまえながら、移住者が地域のライフスタイルを受容していくようすについて研究したものです。この場をお借りして調査研究や論文執筆の過程でお世話になった方々に厚くお礼を申し上げます。

　私自身、これまで出身地からあちこちに転居をしました。また、若いころに友人を訪ねて中欧を歩いたことが記憶によく残っています。仕事の関係など様々な機会に世界各地に出かけたことも印象的な経験でした。研究とは少し違う視点で世界の広さを感じながら、各地で自分のいる「ここ」はどういう場所かについての情報を渇望しました。今回の研究は「ここ」に関するそうした渇望の先にあったのかもしれません。

　転居先や旅先という「ここ」についての興味が頭を離れなくなることの副作用として、関心が分散的になりがちということもありました。ただそのことは、自分に関わるそれぞれの地域に、私なりに向き合った結果であったとも今では考えています。そして、しばしば転居を経験する研究者という層には、地域とのこの向き合いかたの感覚はある程度共通しうることを時に感じます。

　現在は山梨のほか、世界各地の境界地域、東海地方の工業地域などの研究に取り組んでいます。視野を広くとることと個別地域への関心の両立を模索しながら、いくつかの「ここ」をつなぐ視点を見出すことを念頭に、今後も研究を続けていきたいものと思います。

地域社会学会活動の記録　（2018年度）

第43回大会プログラム

2018年5月12日（土）〜13日（日）

会場　亜細亜大学　武蔵野キャンパス

5月12日（土）

◇第5回理事会　　　11:00〜12:30 …………………5号館541

◇受　　　付　　　12:00〜 …………………………5号館1階ロビー

◇理事選挙投票　　12:40〜18:00 …………………5号館541

◇自由報告1　13:00〜15:00

◆自由報告部会1-1　　　司会　川副早央里（東洋大学）　5号館542

似田貝香門(東京大学名誉教授・東京大学被災地支援ネットワーク幹事)・清水亮(東京大学)・三井さよ(法政大学)・三浦倫平(横浜国立大学)

〈災害時経済〉Disasters-Time Economyから新たな復興論をめざして

──支援の復旧段階から復興段階への過渡期の支援実践とその実践論理：支援経済から〈コミュニティ集合経済〉へ

1）似田貝香門　　復旧段階と復興段階の「踊り場」(停滞期混迷)の存在とその間の支援の相違と課題：問題提起

2）清水亮　　復旧段階と復興段階の「踊り場」における復興グッズ支援の変化1

　　──ハートニット・プロジェクト(岩手県盛岡市)

3）三井さよ　　復旧段階と復興段階の「踊り場」における復興グッズ支援の変化2

　　──障害者自立と地場産業の連携─シャロームいしのまき「べてるの風」(宮城県石巻市)

4）三浦倫平　復旧段階と復興段階の踊り場における復興グッズ支援の変化3

　　社会性と事業性の共存をめぐって─いわきおてんとSUN企業組合(福島県いわき市)

5）似田貝香門　中間的総括；　支援経済から〈コミュニティ集合経済〉へ

　　──復旧段階の支援(復興グッズ支援連絡会議「これから」盛岡市)から復旧と復興の過渡期の支援(石巻の異なる支援活動の新しい地域経済への関わり)へ

◆自由報告部会1-2　　　司会　船戸修一　（静岡芸術文化大学）　5号館543

1．武田尚子(早稲田大学)　近代都市の工業化と産業基盤──明治期における水車の工業

的利用

2. 小林博志(東北大学大学院)　雑誌『家の光』にみる家事テクノロジーシステムの成立
　　──高度経済成長期における洗濯機の普及を背景として

3. 大谷　晃(中央大学大学院)　団地自治会における問題解決法形成プロセスとその起源
　　──東京都立川市の都営団地における調査報告

4. 佐野淳也(同志社大学)　地域づくり主体のネットワーク形成と自己生態系化〜徳島県
　　神山町の地域づくりの事例からの考察〜

◇自由報告2　　15:15〜17:15
◆自由報告部会2-1　　司会　齋藤康則（東北学院大学）5号館542

1. 高木竜輔(いわき明星大学)　原発避難者向け復興公営住宅におけるコミュニティの持
　　続可能性とその課題─団地居住者への質問紙調査から─

2. 齊藤綾美(八戸学院大学)　原発避難者による地域住民活動──JA福島さくら女性部
　　双葉支部だるま部会の事例

3. 横山智樹(首都大学東京大学院)　原発被災地域の復興過程における避難・被害の継続
　　と地域社会における共同生活の変容─福島県南相馬市原町区を事例として─

4. 中島みゆき(東京大学)　集団移転に伴う地域社会の変化と住民意思決定──石巻市大
　　川地区の事例から

◆自由報告部会2-2　司会　鈴木鉄忠（中央大学）5号館543

1. 玉野和志(首都大学東京)　メッシュデータによる都市地域区分にもとづく全国都市の
　　趨勢分析

2. ○丸山真央(滋賀県立大学)　徳田　剛(大谷大学)ジェントリフィケーションとしての
　　都心地区の変動──大阪市北区の事例から

3. 野邊政雄(安田女子大学)　近年におけるキャンベラの都市開発の動向

4. 金　思穎(専修大学大学院・日本学術振興会特別研究員)　高知市下知地区の外部有識
　　者等の支援を受けた防災計画づくりに関する地域社会学的研究──半構造化面接法によ
　　るインタビュー調査及びSCATによる質的データ分析

◇第11回(2017年度)地域社会学会賞表彰式　　17:30〜　5号館512
◇総会　　　　　　　　表彰式終了後〜18:30
◇懇親会　　　　　　　18:40〜20:40 …………アジアプラザ4階

5月13日(日)
◇受　　　付　　　　　10:00〜………………5号館1階ロビー
◇理事選挙投票　　　　10:00〜11:00 …………5号館541

◇自由報告3　10:30〜12:00
◆自由報告部会3-1　　司会　文貞實（東洋大学）　5号館542
　1.　橋本和孝（関東学院大学）　戦前東南アジアにおける日本人諸団体の存在形態――その
　　　マクロ分析
　2.　浅野慎一（神戸大学）　中国残留日本人の生成過程における協働と地域空間――ポス
　　　ト・コロニアリズムの視座から
　3.　辻井敦大（首都大学東京大学院）　都市移住者における先祖祭祀の選択と継承――不死
　　　性の社会学からの検討

◆自由報告部会3-2　　司会　田中志敬（福井大学）　5号館543
　1.　池本淳一（松山大学）　人づくりと健康づくりを通じたまちづくり――福島県喜多方市
　　　「太極拳のまち」を例に
　2.　小新井涼（北海道大学大学院）　地域住民による"場所の演出"に関する研究　〜コン
　　　テンツを契機とする2つの
　3.　山崎　翔（北海道大学大学院）

◇新理事会（第1回理事会）　　　　　　 12:00〜13:00 ……5号館 541
◇学会賞選考委員会　　　　　　　　　　12:15〜12:40 ……3号館3302
◇学会賞選考委員会・推薦委員合同会議　12:40〜13:10 ……3号館3302
◇シンポジウム関係者打ち合わせ　　　　12:10〜12:50 ……3号館3310

◇臨時総会　　　　　　13:15〜13:30 ……………5号館　512

◇シンポジウム　　　　13:30〜17:00 ……………5号館　512
　『都市における共同性の構築・再構築をめぐる可能性と課題』
　　　司会：吉野英岐（岩手県立大学）　杉本久美子
　1.　山本薫子（首都大学東京）
　　　都市における共同性の構築・再構築をめぐる可能性と課題
　2.　饗庭　伸（首都大学東京）
　　　大都市都心の超高層住宅における共同性
　3.　熊澤　修（日野市地域協働課）　［紹介者］熊本博之（明星大学）
　　　東京郊外における共同性の再構築――日野市を事例に

　討論者：町村敬志（一橋大学）　　矢部拓也（徳島大学）

2018年度研究例会

第1回研究例会

2018年6月30日（土）　14:00〜17:00　椙山女学院大学星が丘キャンパス

1. 都市における共同性の構築・再構築—大会シンポジウムをうけて　　杉本久未子

2. まちづくりの実践シリーズその1　日本初、法定再開発から地域発意のエリアマネジメント会社設立——名古屋長者町地区まちづくり　　堀田勝彦(堀田商事株式会社代表取締役・錦二丁目まちづくり協議会会長)

第2回研究例会

2018年10月6日（土）　14:00〜17:00　早稲田大学戸山キャンパス

1. まちづくり事業の実践と地域社会学の接点——第1回研究例会・名古屋市長者町での事例をうけて　　山岸達矢(京都橘大学)

2. 地域社会の行方——北九州市での家守社から、全国展開したリノベーションスクール、公民連携、海外への展開まで—　　嶋田洋平(建築家／(株)らいおん建築事務所代表取締役／北九州家守舎代表取締役　他)

第3回研究例会

2018年12月1日（土）　　14:00〜17:00　大谷大学本部キャンパス

1. ローカルフェス主催者と地域社会と(研究者)の関係——野外音楽フェスhoshioto(岡山県井原市)を事例として　　山崎翔(北海道大学)藤井裕士(hoshioto代表)
    - ①フェス観測会2016の概要・開催プロセス　(山崎)
    - ②hoshiotoの概要　(藤井)
    - ③hoshjotoと井原(と研究者)の関係性　(山崎×藤井)
    - ④質疑応答・ディスカッション

第4回研究例会

2019年2月9日（土）　14:00〜17:00　　東京大学本郷キャンパス

1. 「地域おこし協力隊」を「地域社会学」から考察する意義　　船戸修一(静岡文化芸術大学)

2. 「地域おこし協力隊」の概要と農山村に向かう若者たち　　図司直也(法政大学)

投稿規定

1. 投稿資格を持つのは地域社会学会会員のみである。執筆者が複数の場合、原則として全員が会員でなければならない。ただし編集委員会からの依頼論文については、以上の規定は適用されない。

2. 原稿は地域社会学およびその関連領域に関するものとし、原則として未発表のものとする。

3. 自由投稿論文は匿名のレフリーによる審査を受ける。

4. 自由投稿論文が一度掲載された会員は、その次の号には自由投稿論文を投稿できないものとする。

5. 編集委員会からの依頼論文、自由投稿論文、ビューポイント、名著再発見、書評、自著紹介等、年報への投稿原稿の文字数や様式は、別途「執筆要領」で定める。投稿者は「執筆要領」および関連ガイドラインに従って執筆しなければならない。

6. 投稿者は原稿を電子ファイルで作成し、必要な部数のハードコピーを提出する。提出方法や部数については別途「執筆要領」に定めるとおりとする。

7. 編集委員会からの依頼論文、自由投稿論文、ビューポイント、名著再発見、書評、自著紹介等、年報に投稿された著作物等の著作権については、別途「地域社会学会　著作権規定」に定めるとおりとする。

（2009年5月）

（最終改訂：2016年5月、総会にて承認）

執筆要領

1. 投稿者は定められた期日までに投稿原稿をハードコピーで1部提出する。その後、編集委員会の指示にしたがって速やかに原稿の電子ファイルを提出しなければならない。電子ファイルはワードもしくはテキストファイルで作成したものとする。

2. 自由投稿論文及び特集論文(依頼原稿)は本文の前に、論文題目・欧文タイトル・著者名・著者名のローマ字表記・所属を明記すること。

3. 自由投稿論文及び特集論文(依頼原稿)はタイトル・執筆者氏名・本文・図表・注・引用文献を含めて、年報掲載時に14ページ以内(1ページは41字×38行で1,558字)とする。冒頭にタイトル・執筆者氏名等に必要なデッドスペースを10行分とるため、本文・図表・注・引用文献の分量は41字×522行に抑える必要がある。なお、英文要旨は掲載決定後に300語程度で作成する(英文要旨は、上記文字数にカウントしない)。

4. 書評・自著紹介(依頼原稿)はタイトル、執筆者氏名、本文を含めて、年報掲載時に2ページ以内とする。冒頭にタイトル・執筆者氏名等に必要なデッドスペースを6行分とるため、本文の分量は41字×70行以内とする。

5. ビューポイントと名著再発見はタイトル・執筆者氏名・本文を含めて、年報掲載時に4ページ以内とする。冒頭にタイトル・執筆者氏名等に必要なデッドスペースを6行分とるため、本文の分量は41字×138行以内とする。

6. 原稿はA4版の用紙を使って、41字×38行で印字する。年報は1ページ当たり1,558字(41字×38行)である。図表を使用する場合、できるかぎり本文に図表が挿入された形式で印字すること。図表はRGBデータではなくモノクロデータとして作成すること。

7. 原稿の表記については、以下の形式に従うこと。

   (1)日本語表記については全角文字を使用する。句読点、括弧、カギ括弧などの記号類も全角文字を用いる。なお句読点は「、」「。」を使用する。(2)英数字は半角とする。(3)注は本文中に 1) のように番号を入れた上で、文献リストの前にまとめること。(4)見出し・小見出しは「1」「1.1」「1.1.1」のようにナンバリングする。(5)欧文文献のタイトルはイタリック体で表記すること。(6)研究費・助成金の表記は、原則として、文献リストの直前に「付記」の形で配置すること。

8. 上に定めた以外の形式は、日本社会学会が定めている『社会学評論スタイルガイド』に準拠する。同学会ホームページに掲載されている最新版を参照すること。著しく形式が整っていない原稿は、査読せず差し戻すことがある。

(2009年5月)

(2016年2月6日改訂)

(2018年2月11日最終改訂)

※最新の執筆要領については、随時、地域社会学会ホームページを御覧下さい。

地域社会学会　著作権規定

第1条　本規定は,地域社会学会(以下「本学会」という)の学会誌である『地域社会学会年報』
　　　（以下『年報』という）ならびに『地域社会学会会報』(以下『会報』という)に投稿される
　　　論文等著作物の著作権について定める.

第2条　本規定における著作権とは,著作権法第21条から第28条に規定される著作財産権
　　　（複製権,上演権及び演奏権,上映権,公衆送信権,口述権,展示権,頒布権,譲渡権,貸
　　　与権,翻訳権・翻案権等,二次的著作物の利用に関する原著作者の権利）ならびに同
　　　第18条から第20条に規定される著作者人格権(公表権,氏名表示権,同一性保持権)
　　　のことをいう.

第3条　『年報』ならびに『会報』に投稿される論文等著作物の著作財産権については,本学会
　　　に最終原稿が投稿された時点から,本学会に帰属する.

第4条　『年報』ならびに『会報』に投稿される論文等著作物の著作者人格権については,著作
　　　者に帰属する.ただし,著作者は,本学会および本学会が論文等著作物の利用を許諾
　　　した第三者にたいして,これを行使しない.

第5条　第三者から著作権の利用許諾申請があった場合,本学会は,編集委員会において審議
　　　し,適当と認めたものについて,申請に応ずることができる.
　　　2　前項の措置によって,第三者から本学会に対価が支払われた場合,その対価は本
　　　学会の活動のために利用する.

第6条　著作者が,自身の論文等著作物を,自身の用途のために利用する場合は,本学会は,こ
　　　れに異議申し立て,もしくは妨げることをしない.ただし,著作者は,本学会に事前
　　　に申し出をおこなったうえ,利用する論文等著作物のなかに,当該の『年報』あるいは
　　　『会報』が出典である旨を明記する.

第7条　『年報』ならびに『会報』に投稿された論文等著作物が第三者の著作権を侵害する問題
　　　が生じた場合,本学会と著作者が対応について協議し,解決を図る.

第8条　本規定は,2014年5月10日から発効する.

※最新の著作権規定については、地域社会学会ホームページを御覧下さい。

◆ **English Summaries of Articles**　　　　　地域社会学会年報第 31 集　2019.5

Introduction to the symposium:

Rebuilding Social Relationships in Urban Communities

Hideki YOSHINO

The focus of the 43rd Symposium of the Japan Association of Regional and Community Studies was Rebuilding Social Relationships in Urban Communities. We held the 42nd Symposium with the theme of Rebuilding Social Relationships according to Common Resources in Local Communities in 2017. We continued to focus on the same theme of rebuilding social relationships for two years.

In inner urban areas there are many old private and public buildings and houses. Some planners, citizens, or developers try to renovate these buildings and areas to change their usage and invest in new values. In central metropolitan areas, especially in Tokyo, a lot of tower condominiums (so-called "tower mansions") have recently been built and the population of the younger generation has increased rapidly. Newcomers enjoy a new life style by virtue of the tower's nearness to their workplace. In the suburbs, a large amount of housing was built during the period of rapid economic growth in Japan. Nowadays, people face the problem of the rapidly decreasing and aging population. It is difficult to maintain autonomous activities due to the lack of community leaders.

At the 43rd Symposium, the first presentation introduced the renovation movement in urban areas in Asia, Europe, and North America. It referred to the possibility of new social relationships among fluid stakeholders. The second presentation introduced the trend of redevelopment in Chuo ward and analyzed the effect of tower condominiums. It pointed to the building community's activities on special occasions such as local festivals or tours, and on ordinary occasions such as clean-up or patrol activities.

The third presentation introduced the case of the development of Hino city in Tokyo's western area. The local government of Hino city has continued to make an effort to encourage new activities in the wider community in the 2010s. The presentation reported several successful cases and analyzed the factors that lead to an active community.

We can find ways to rebuild social relationships in each case. Then, we have to confirm the characteristics and sustainability of these relationships and correlate the idea of commons or urban commons in the next stage.

English Summaries of Articles

Potentials and Issues in the Building and Rebuilding of Social Relationships according to Regeneration of Structures in Urban Areas

Kahoruko YAMAMOTO

In modern Japan, the word "rinobe-shon," which originally comes from the English word "renovation," has been used not only to refer to the repairing and improving of buildings, but to expect value improvement so that there are bustling activities and vibrancy with new customers and users.

This usage of the word has become more popular with the increasing renovation of houses and other structures in Japan. This trend has also increased complex facilities in commercial areas, especially in urban areas, including arts, culture, community spaces, and so on. At the same time, this has had an impact on the revitalization of old commercial areas and city centres , especially in regional towns and cities.

The question is how social relationships are built and rebuilt with such renovations and development of new complex facilities. This paper shows that both Japanese and international cases of renovation and conversion of old buildings and facilities as well as new types of management and communication are observed .

This paper examines the potentials and issues in the building and rebuilding of social relationships against this phenomenon, by observing the cases. The observations revealed that there are social relationships in terms of regeneration of structures in urban society, such as lack of material, common property, and mobility of the population (new comers with different values) . In such cases, a person who acts as a "translator" takes the important role of connecting the community and building networks among members who are not well known to each another. However, in many cases, this work (of a translator) often depends on contingency; therefore, there is always vulnerability in terms of building and rebuilding social relationships. Finally, the paper explains that the reevaluation of the history of renovated facilities might work in social relationships, based on the possibility of collective memory and identity among the people connected to them.

Communities in Super High-rise Housing in Metropolitan City Centers

Shin AIBA

The aim of this paper is to show how people living in super high-rise housing in metropolitan city centers form communities and what kind of collaborative behavior is exhibited there. The paper first addresses the current state of the return of the population to central Tokyo. Then explains how new local communities are rapidly being formed there. Both new possibilities and new challenges are hidden in these communities. In addition, this paper explains the history of the methods of urban planning and development in Japan, and shows that an urban development community of ward-level municipal governments, town councils, and private developers has emerged in central Tokyo and has been promoting urban development. It also clarifies that as housing developed, a deregulation of the floor-area ratio was prepared, and the population levels returned in city center areas. Moreover, this paper reveals increase of population levels to city center areas is no longer an issue of government policy. Instead, we have entered a period of what could be called "post-housing development," and it is thus becoming important to manage the maintenance of buildings that already exist and carry out "area management"—developing the communities that are created there. Finally, I touch on my own experiences of involvement in area management project in the Harumi district. I examine how the district is changing from an urban development community to an area management community, how connections between people are forming through sacred events such as festivals, and how new relationships are being formed as a result.

English Summaries of Articles

Rebuilding Social Relationships in the Suburbs of Tokyo:
A Case Study of Hino City

Hiroyuki KUMAMOTO

Hino City is a typical suburban city in Tokyo, with a population of 180,000. The purpose of this research is to analyze the reason Hino City's reformation, which was started in 2013 through a local community's policy, can achieve success from the perspective of regional and community studies.

The primary issue faced by this reformation is the establishment of a relationship between the residents' associations and voluntary associations, such as non-profit organizations and the Parents and Teachers Association. The goal of the reformation is to create a local community that can resolve problems in local areas through the collaboration of these organizations. Officers of the city government play the role of a "facilitator" who coordinates various organizations. Through the successful partnership of the organizations, the local residents realize the value of the local community.

The findings of this research indicate that it is important to set up a platform where various organizations involved in local communities can interact with each other, especially in places in the suburbs of Tokyo, such as Hino City.

Changes in Urban Development in Canberra in the Past Ten Years

Masao NOBE

The ACT (Australian Capital Territory) Government, a form of self-government, was established in Canberra in 1989. Conducting a survey in 1997, Nobe (1999) clarified how its urban development methods and the city changed. The purpose of this paper is to make clear the changes subsequent to the research. A case study revealed the following four points: (1) The ACT Government had administered the city by cutting down on the expenses since its establishment. However, the government changed its urban development policy and started to create job opportunities actively about ten years ago by increasing public investments, encouraging private companies to invest and promoting industries. (2) The ACT Government looks to the sales of lands in developed and undeveloped areas as a source of revenue now. (3) Because the ACT Government gives priority to development, urban redevelopment which infringes upon vested interests often occurs in the city and they plan to construct a factory there which may cause environmental pollution. This brings about many protest movements against (re)development. (4) Because housing demand has changed and there are not many undeveloped lands for housing left in the city, medium-rise buildings with apartment houses have been constructed within the town centres and group centres since 2004.

編集後記

　本学会誌年報第31集をお届けいたします。本来なら今号の編集後記は松薗祐子編集委員長が担当する予定だったのですが、わけ（後述）あって、副委員長の室井研二が執筆することになりました。

　編集委員会の業務は研究委員会などと比べるとかなり定型化されているのですが、それでもいろいろ検討を要する事案がありました。最大の事案は、自由投稿論文の投稿が少なかったことです。投稿数はわずか3本で、そのうち1本しか掲載できませんでした。投稿数は年によって増減があるものですが、例年になく少なかったことから、投稿を促す（特に若手の学会員の）方策について議論を行いました。具体的な議題になったのは「研究ノート」を新設するか否かということです。投稿されてくる論文には調査事例としては面白いのだけれど、論文としての理論的含蓄がちょっと…、というものが少なくありません。そうした論文が日の目を見ないまま埋もれてしまうのはもったいない、ということで浮上した議案だったのですが、研究ノートとして学会誌に掲載することにはメリットと同時にデメリットもあるということで、結論を出すにはいたりませんでした。いずれにせよ、この種の議論は今後も継続的に行っていきたいと考えています。

　その他の案件として、調査に関する「倫理的配慮」の問題が挙げられます。調査倫理に関してはすでに日本社会学会の倫理綱領があるわけなのですが、今後、海外をフィールドとした調査研究が増えてくるであろうことを鑑みると、さらに細心の注意が必要になります。この点に関し、倫理綱領に依拠してより厳密なチェックを心がけること、調査結果を公表する際には関係者の承諾を明記すること等を確認しました。

　また、これはお知らせですが、年報のJ-STAGEへの登録業務をすすめています。現在、2013年度から2017年度までの年報がネット上で閲覧できるようになっていますので、是非ご活用ください。この年報電子化の実務は大学院生の協力によって成り立っています。ご協力にこの場を借りてお礼申し上げます。

　さて、最後にお詫びです。今号には12本の書評を掲載しましたが、そのうちの1本は規定の分量を超過したものとなっています。これはひとえに私の連絡ミスによるものです。書評の執筆依頼やとりまとめは副編集委員長の仕事なのですが、多数の方々とやりとりを行う中で混乱が生じ、誤った分量で執筆を依頼してしまいました。ミスの発覚後、編集委員の方々には対応について議論して頂くとともに、執筆頂いた渡戸先生にも幾分の手直しをお願いするなど、何かとご迷惑をおかけしました。今号の編集後記を私が担当したのは、この点の釈明とお詫びをするためです。今回の件は私の個人的な過失ですが、今後こうしたミスを繰り返さぬよう、編集委員会としてもチェック体制の改善に努めたいと思います。

（室井研二）

編集委員会

伊藤亜都子　　岩永真治　　小内純子　　大倉健宏　　田中里美　　徳田剛
藤井和佐　　◎松薗(橋本)祐子　　○室井研二　　山本薫子
(◎編集委員長　　○副編集委員長)

執筆者紹介(執筆順)

吉野英岐　　　　(岩手県立大学総合政策学部)
山本薫子　　　　(首都大学東京都市環境学部)
饗庭　伸　　　　(首都大学東京都市環境学部)
熊本博之　　　　(明星大学人文学部)
野邊政雄　　　　(安田女子大学心理学部)
鈴木鉄忠　　　　(共愛学園前橋国際大学国際社会学部)
渡戸一郎　　　　(明星大学名誉教授)
清水　亮　　　　(東京大学大学院新領域創成科学研究科)
築山秀夫　　　　(長野県立大学グローバルマネジメント学部)
矢部拓也　　　　(徳島大学総合科学部)
徳田　剛　　　　(大谷大学社会学部)
佐藤彰彦　　　　(高崎経済大学地域政策学部)
速水聖子　　　　(山口大学人文学部)
下村恭広　　　　(玉川大学リベラルアーツ学部)
三浦倫平　　　　(横浜国立大学大学院都市イノベーション研究院)
今井　照　　　　(地方自治総合研究所)
松宮　朝　　　　(愛知県立大学教育福祉学部)

地域社会学会年報第 31 集
都市における共同性の再構築

定価は表紙に表示

2019 年 5 月 11 日　第 1 刷発行

©編　者　地域社会学会
発行所　ハーベスト社
〒 188-0013　東京都西東京市向台町 2-11-5
電話　042-467-6441 ／ Ｆ ａ ｘ　042-467-8661
振替 00170-6-68127

印刷・製本：㈱平河工業社
落丁・乱丁本はお取りかえします。Printed in Japan

ISBN 978-4-86339-107-9 C3036